KB081355

생각으로 가득 찬 머릿속을 단순해지길,

하루의 끝에 편히 쉴 수 있는 나만의 공간이 단순해지길,

복잡하게 얽혀있는 일들이 단순하게 해결되길 바라는

새로운 라이프스타일 브랜드, 단순생활

ALONE

얼마 전 할머니가 돌아가셨다. 오랜 시간 요양병원에 계셨고, 준비된 일이었다. 나는 죽음이라는 건 온전히 정말 혼자가 되는 일이라 생각했는데, 할머니를 옆에서 지켜보면서 생각이 조금 바뀌었다. 죽음은 생각했던 것만큼 외롭지 않을 수도 있겠다고. 멀리 떨어져 있던 가족, 친척, 친구들이 한자리에 모였다. 모두 같이 슬퍼했고, 하늘에서 우리를 보살펴 달라는 말도 빼먹지 않았다. 우리가 하는 모든 행동과 말은 '함께'라고 할머니에게 말하고 있었다. 실제로 만날 수는 없지만, 명절 때나 찾아 뵙던 생전보다 어쩌면 더 자주 할머니를 꺼내 보고 이야기를 건네게 됐다. 장례식장에서 산소로 향하는 길에 할머니 집을 버스가 천천히 돌았다. 내내 버스 안에서 침묵이 흐르다가 집 근처로 향하는 골목길에서부터 여기저기서 훌쩍이거나 신음하는 소리가 들렸다. 미안함, 아쉬움, 섭섭함들이 한데 씻겨 내려가는 순간이었다. 할아버지, 할머니, 아빠, 삼촌, 고모가 어릴 적부터 지내던 이곳에서 모두 추억을 간직하고 있었다. 지금은 새로운 가정을 꾸리며 서로 뿔뿔이 흩어져 지내지만 모두 함께했던 순간들을 선명하게 기억하고 있다. 한마디 말도 없었지만, 왜 울었는지 어떤 기분이었는지 아무도 서로에게 묻지 않았다. 그건 각자 속으로 말하면 될 일이다. 나는 내내 겉과 속, 함께와 혼자에 대해 생각했다. 사람은 겉과 속이라는 서로 다른 면이 있는데, 우리가 모여 이야기할 때 보이는 모습은 겉면이다. 다른 숨겨진 안쪽은 혼자만의 영역이라 간섭해서도 알려고도 하지 않는 편이 좋다. 그건 온전히 혼자만의 영역이다. 우리는 사람들과 함께이면서 혼자서 지내야 하는 삶이다. 혼자이기도 하고 그렇지 않기도 한 것이다. 하늘나라로 먼저 가신 할머니는 외로우실까. 할머니를 여러 번 부르는 사람들, 산소에서 떠나지 못하고 "엄마 잘 있어."라고 말하는 고모, 오랫동안 기다렸을 할아버지 옆자리에 누워 계신 할머니는 적어도 혼자는 아니었다.

편집장 **김이경**

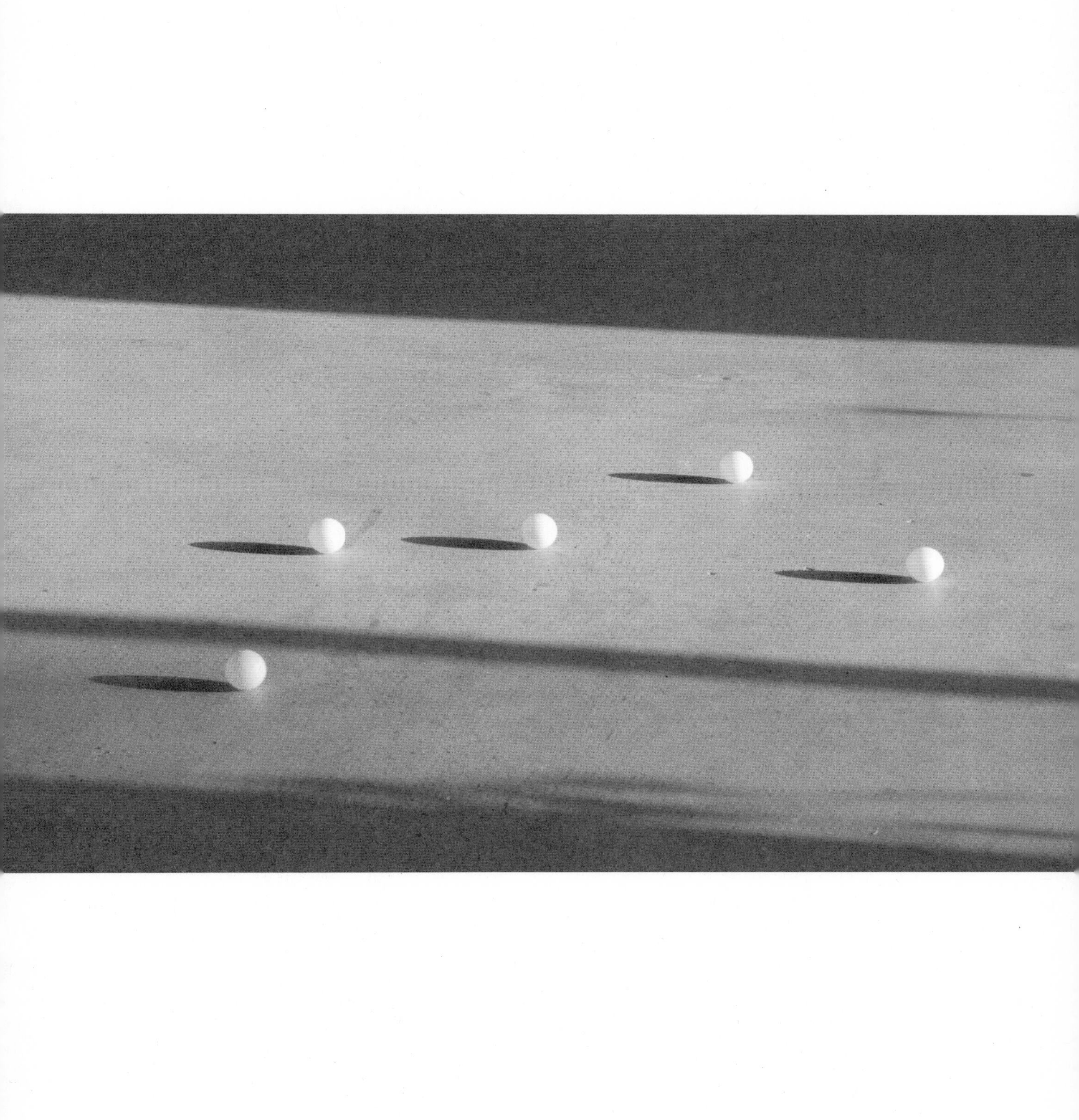

영상 **이와lwa** 모델 **고승환** 에디터 **이현아** 의상 **Judd** | essential 3 botton jacket | essential pants | essential shirts 신발 **tab lab** | TAKE1 Derby Black

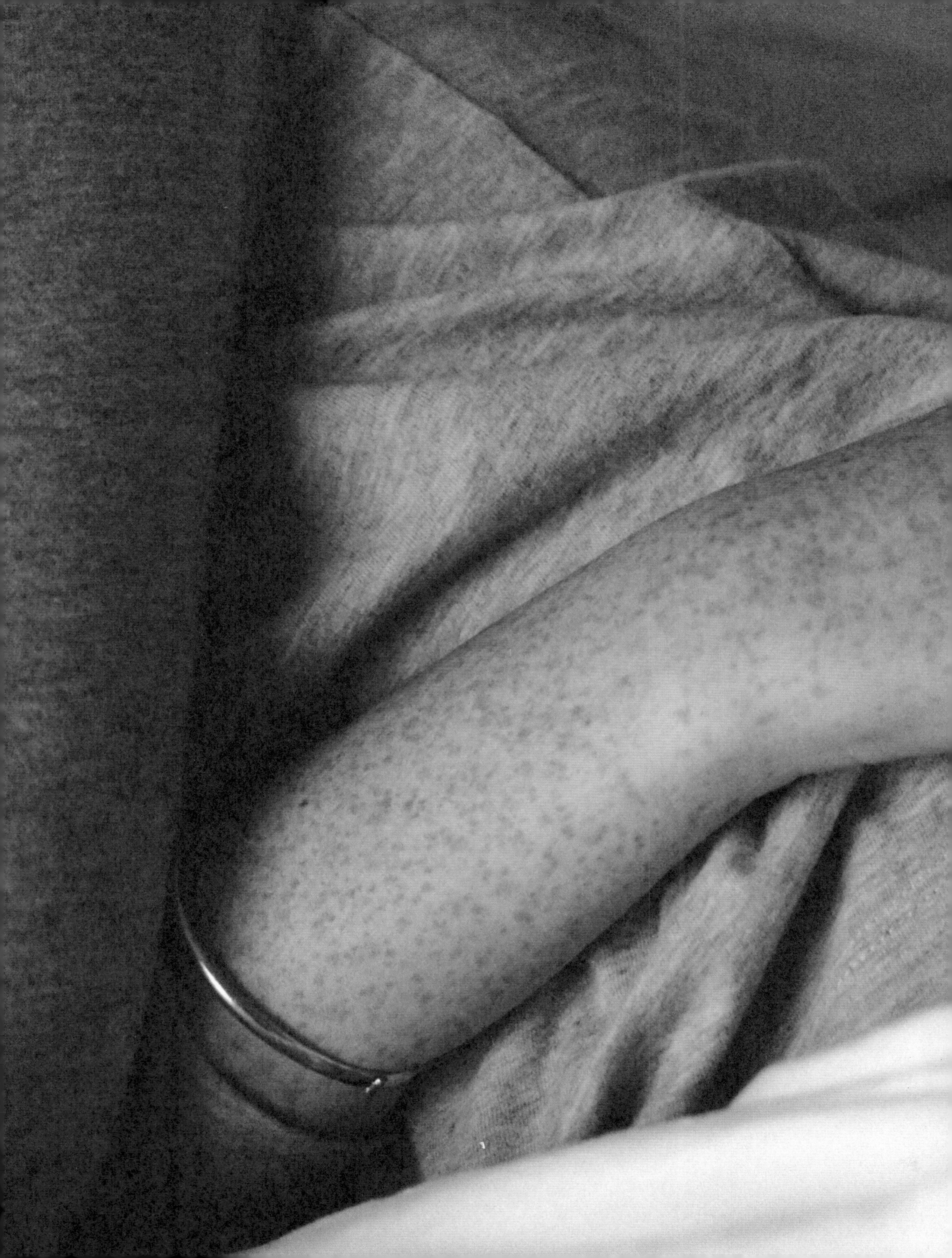

자매의 초상

사진작가 소피 테일러

소피 테일러의 사진 속에는 하나와 둘, 그 이상의 자매들이 있다. 때때로 그녀들은 서로를 동경하고, 연민하고, 얼굴에 술을 던지고, 함께 신음하고, 상대를 질투하지만 결국에는 비슷한 얼굴로 같은 곳을 바라본다. 스스로 선택한 건 아니지만 포기하지도 않았던 그 단단한 끈을 보면서, 자매라는 이름의 연대를 생각한다.

에디터 **김건태** 사진 **소피 테일러**

지타Zita(10), 유니티Unity(12)

유니티 "가끔 화날 때 빨리 지타한테 가서 말해요. 동생은 절 이해해주거든요. 우리는 서로의 마음을 잘 읽을 수 있어요. 저는 지타가 무슨 생각을 하는지 정확히 알 수 있어요."

유니티와 지타는 함께 지내기를 좋아한다. 자매란 얘기를 나눌 수도 있고 농담을 던질 수도 있는 존재다. 유니티는 지타를 보호해야 한다고 느낀다. 가끔 친구들이 놀러 왔을 때 지타가 자신을 따라 하면 화를 낸다. 유니티는 둘 중 더 조용하고 지타는 잠시도 가만히 있지를 못한다(최소한 공적인 장소에서). 그러나 둘 다 같은 음악과 장난감을 좋아하고 사이좋게 공유한다. 둘 다 오르락내리락하는 스릴을 즐겨 롤러코스터 타기를 좋아한다. 단, 지나치게 오래 운행되지만 않는다면 말이다.

그레이스Grace(17), 제시Jessis(8개월)

그레이스 "동생이 너무 어려서 아직 성격이 제대로 형성되지 않은 것 같아요."

이 관계는 매우 새로운 유형이다. 제시는 태어난 지 8개월밖에 되지 않았다. 그레이스는 3년 전 어린 남동생(제시의 오빠)이 태어날 때까지 외동이었다. 제시가 생기면서 남동생과 여동생을 가질 수 있게 되어 좋아하며 현재 매우 즐거운 관계를 유지하고 있다. 장난감 때문에 싸우지도 않는다.

앤Anne(62), 멍Meng(61)

프레야Freya(11), 조지아Georgia(16)

멍 “항상 언니를 질투했죠.”
앤 “난 너를 질투한 적이 없어.”

말레이시아에서 자란 앤은 자신의 우상 트위기Twiggy처럼 미니스커트와 그에 어울리는 속옷을 즐겨 입는 반항아였다. 여러 무리의 소년들과 어울리며 송아지를 타고, 새총이나 장난감 권총을 만들기도 했다. 멍은 늘 집에서 시간을 보냈다. 앤은 반항적 기질로 인해 영국 스타일의 기숙학교에 들어가게 되었고, 중국식으로 교육을 받는 멍이 가족을 위해 집안일을 했다. 이렇듯 상반된 기질은 성인이 되어서도 변함이 없었지만, 그러한 차이에도 불구하고 현재 서로 매우 가깝게 지내고 있다.

조지아 “저는 항상 여동생을 갖고 싶었어요. 엄마한테 제발 한 명만 낳아달라고 애원했죠.”

같은 연령대의 많은 자매들과 마찬가지로 이 둘은 애증의 관계를 가지고 있다. 프레야는 조지아의 옷을 훔쳐 입고, 조지아가 친구를 부르면 함께 놀고 싶어서 주변을 어슬렁거리다가 서로 싸운다. 둘의 방은 서로 붙어 있어서, 자주 대화하고 자주 싸운다. 조지아가 집에서 멀리 떠나게 되면서 인스타그램으로 서로 연락을 취하고 있지만 프레야는 차에서 언니와 수다 떨던 때를 그리워한다.

리지Lizzie(26), 플로Flo(21)

레이첼Rachel(27), 미셸Michelle(31)

플로 "저는 리지와 있을 때 가장 행복하고 편안해요."

리지와 플로는 리지가 20대 초반, 플로가 10대일 때 4년간 부모님과 떨어져 살았다. 그래서 리지는 할 수 있는 한 부모 역할을 맡으면서 일찍 성장하게 되었고, 플로는 언니를, 심지어 언니의 흡연조차도 우상화했다. 이 둘은 상당히 비슷한 매너리즘에 빠져있다. 가끔 서로 거울을 보면서 말하는 듯한 기분이 든다고 한다.

미셸 "자녀 계획에 대해서 얘기하다 보면 남편은 아들에 대해서만 얘기를 해요. 딸은 한 명이라도 상관없나 봐요. 그럴 때마다 저는 항상 이렇게 말하곤 하죠. '아니, 모든 여자아이들은 자매가 필요하기 때문에 딸이야말로 반드시 한 명 이상 낳아야 돼'."

미셸과 레이첼은 둘 다 매우 조용한 성격임에도 불구하고 매일, 가끔은 매시간 페이스타임, 텍스트, 왓츠앱, 인스타그램을 통해 대화를 한다. 현재 둘 다 결혼해서 남편과 함께 살고 있지만 자주 어울리며 함께 여행하기를 즐긴다. 라스베이거스로 떠났던 광란의 여행이나 미셸이 작은 해변에서 뜨거운 햇볕 속에서 걷다가 일사병에 걸렸던 이비자 여행을 회상하곤 한다.

클레어Clare(55), 줄리엣Juliet(60)

클레어 “언니는 정말 다정하고 잘 도와주는 사람이에요.”
줄리엣 “난 네가 ‘언니는 할망구’라고 말할 줄 알았어.”
클레어 “닥쳐.”

이 자매들은 매우 다른 삶을 살았다. 클레어는 장애에도 불구하고 독립적으로 살기 위해 애써왔고, 줄리엣은 다른 두 자매들을 포함한 모든 가족을 부양해야 했다(최소한 그렇게 느꼈다). 클레어는 일곱 살 때 기숙사로 보내졌고 지독한 향수병에 시달렸지만 이 두 자매는 여전히 픽시라고 부르던 인형을 파란색 유모차에 태우고 산책을 가거나 모퉁이 아이스크림 가게에 갔던 기억 등 몇 가지 어린 시절의 추억을 공유하고 있다. 줄리엣은 클레어의 노력을 존경한다. 비록 항상 전화를 받지는 않지만.

안나Anna(28), 케이트Kate(37)

케이트 "좀 긴장이 되네요… 하지만 나쁘지 않아요. 안나는 아름다워요.
저보다 키도 크고 주근깨가 많아서 질투가 나네요."
안나 "나도 마찬가지예요. 질투가 나요. 케이트는 저보다 예쁘고 재능 있고 똑똑하고 성공했거든요."

거의 10년 터울의 이 자매는 서로 멀리 떨어진 곳에 산다. 케이트는 미국, 안나는 영국에 살고 있다. 성장기에 안나는 부모님의 보살핌 속에 있었지만 케이트는 독립적이었고 집안의 문제아였다. 현재 안나는 사교성이 뛰어나지만 케이트는 다소 사교성이 부족하다. 둘이 함께 보내는 시간은 매우 드물지만, 그렇기 때문에 그 시간을 훨씬 더 가치 있게 생각한다.

"저는 주로 연민과 취약함 같은 감정에 끌리는 편이에요."

먼저 자기소개를 부탁해요. 어떤 작업을 하는지도요.

저는 런던에서 활동하는 사진작가 소피예요. 주로 관계에 관한 작업을 해요. 자기 자신과의 관계 또는 타인과의 관계 모두를 포함하죠. 사실 누구나 핸드폰으로 사진을 찍으며 '최고의 각도'를 찾으려 하지만, 그건 현실과는 거리가 있다고 생각해요. 저는 제가 선택한 피사체를 잘 이해하려 노력하며 그 안에서 인간의 솔직한 감정과 특정한 진실성 같은 것을 포착하려 해요.

'Sisters'는 어떤 프로젝트인가요?

가장 복잡한 인간관계 중 하나지만 자주 간과되는, 자매의 우애에 대한 탐색이에요. 2년이 넘는 시간 동안 80쌍의 자매들을 인터뷰하고 사진 찍었죠. 광범위한 환경에서 다양한 연령과 배경의 자매들과 작업했어요. 그들이 시각적으로 드러내는 모습과 대화를 통해 친숙함, 신뢰, 경쟁, 사랑, 이해 등의 요소를 여러 각도와 강도로 나타내려 했어요.

처음 자매를 촬영하겠다고 마음먹은 계기가 궁금해요.

사실 저에게는 여러 가지 이유로 껄끄러운 사이인 언니가 있어요. 그 관계를 다시 돌아보고자 프로젝트를 시작하게 됐어요.

개인적인 이유로 커다란 프로젝트를 진행했다는 게 흥미로운데요. 그 많은 자매들을 어떻게 다 섭외했나요?

SNS에 사진 프로젝트에 참여할 자매를 찾는다는 글을 올렸어요. 몇 번의 작업을 게시한 뒤로는 더 많은 요청이 쇄도했고요. 우리는 다문화 사회에 살고 있잖아요. 정말이지 다양한 연령과 배경, 출신과 문화의 자매를 찾고 싶었어요. 런던에서 시작했지만 사실 이 프로젝트는 전 세계 어디서든 촬영할 수 있죠. 자매의 우애는 보편적인 관계니까요.

남매나 형제에 비해 자매라는 관계가 갖는 특별한 점이 있다면요?

인터뷰 중에도 자매들은 함께 울고 웃고, 서로의 말에 끼어들며 다투기도 했어요. 다른 관계들에서는 좀처럼 보기 힘든 모습이었죠. 자매는 생물학적 유대와 기원을 공유하잖아요. 한 가정에서, 같은 성별로 태어나, 함께 성장하는 과정 속에 그들만의 독특한 지점이 있는 것 같아요.

조금 전에 언니가 있다고 했죠? 어쩌면 당신 역시 프로젝트 속에 등장하는 무수한 자매들 중 하나일 수도 있을 거 같아요.

20개월 차이의 언니가 한 명 있어요. 인격을 형성하는 데 중요한 10대 후반에 어떤 계기로 인해 우리는 서로 거리를 두게 되었죠. 솔직히 말해서 일반적인 성인 자매의 모습은 아니에요. 하지만 우리 역시 다른 자매들처럼 서로 많이 닮아있다는 걸 알아요. 그래서 완전히 마음의 문을 닫을 수는 없죠. 서로의 공통점을 찾고, 관계를 변화시키기 위해 노력하는 중이에요.

'Sisters' 이외에 다른 프로젝트를 보면 주로 인물 사진이 많은데, 인물 사진의 매력은 무엇인가요?

인물 사진의 아름다움은 우리 모두 다르게 해석할 수 있어요. 자신만의 관점, 의견, 감정을 투영하기 때문이에요. 저는 누군가 한 인물의 사진을 찍는 것이 사진가의 특권이라고 생각해요. 인물을 통해 자기 자신을 바라보고, 또 무언가를 배울 수 있으니까요.

인물을 잘 찍기 위한 방법이 있다면요?

촬영하기 전에 인물과 충분한 대화를 나눠요. 어떻게 이야기 한번 나눠보지 않은 사람을 믿을 수 있겠어요. 진실한 사진을 찍기 위해 서로를 신뢰해야 하고, 또한 피사체를 마치 저 자신인 것처럼 대우하죠.

빛은 당신에게 어떤 의미인가요?

저는 자연광에서만 작업을 해요. 자연광은 인위적으로는 만들기 힘든 부드러움과 깊이를 전달하거든요. 주로 방 안에 머물며 빛의 방향을 좇아 자유롭게 작업하는 걸 좋아해요.

사진 속 모두가 전문적인 모델처럼 보이지는 않아요. 그럼에도 불구하고 아주 자연스러운 표정이에요.

모델, 음악가, 친구, 낯선 사람에 이르기까지 모든 유형의 사람들과 작업해요. 그 중 'MTWTFSS'는 저의 최대 규모의 프로젝트로, 다년간 구축해온 저만의 일기장이나 다름없죠. 작품 속 인물들은 저와 가장 가까운, 저를 가장 잘 아는 사람들이에요. 사진가와 피사체 사이에 친밀함이 존재할 때, 피사체는 카메라 앞에서 훨씬 더 편하게 행동하게 되죠.

종종 몸을 강조한 사진도 있는데, 사람들이 노출을 부담스러워하지는 않았나요?

저 자신의 몸과 전쟁을 겪었던 사람으로서, 저는 사람들이 촬영 중에 옷을 벗는 것이 굉장히 끔찍한 일이라는 걸 알아요. (어떤 경우에는 타협이 필요하기도 해서 'Slight Wounds' 작업에 참여했던 여성들은 모두 익명으로 기재하기도 했어요.) 그래서 용기를 내준 인물을 정말로 경외해요. 옷을 입든 벗든 사진가에게 스스로를 노출시켜준 사람들에게 저 또한 상당한 책임감을 느끼죠.

당신의 사진 속 인물(또는 공간)을 보며 제가 느낀 감정은 '고요함'이에요. 최대한 아무것도 말하지 않고, 행동하지 않으며, 어떤 상념에 잠겨있어요. 때때로 무기력하거나 조금은 슬퍼 보이기도 하고요.

전반적으로 제 작품에는 부재감이 존재해요. 특히 인물이 혼자 등장할 때 말이죠. 저는 주로 인물의 자기성찰을 포착하고 그들이 가진 관계를 탐구하려 노력해요. 그것이 때로는 슬픔으로 오인 받기도 하는데, 사실 그게 초점은 아니죠.

그럼 당신은 어떤 모습을 담고자 했나요?

저는 주로 연민과 취약함 같은 감정에 끌리는 편이에요. 배경 이야기를 몰라도 사진을 통해 누군가 그런 감정을 느낄 수 있다면 좋은 작품이라 할 수 있겠죠.

마지막으로 사진작가에게 공통적으로 하는 질문이에요. 당신의 카메라를 이야기해주세요.

니콘의 디지털카메라와 필름카메라를 사용해요. 최근에는 니콘 D3S와 D810, F100을 사용했어요. 기종에 크게 신경 쓰는 편은 아니지만 프라임 렌즈를 선호하긴 해요.

소피 테일러 Sophie Harris-Taylor
H. sophieharristaylor.com

작고 커다란 하나의 삶

뮤지션 **루시드폴**

루시드폴을 처음 알았을 때 그는 스위스에서 연구를 하는 음악가였다. 그다음에는 제주에서 귤 농사를 짓는 음악가였다. 한 삶을 살며 얼마나 많이 그 행로를 바꿀 수 있을까. 그를 보며 그런 생각을 했었다. 얼마 전에는 2년간 제주에서 "키우고 가꾼" 글과 사진과 음악을 담은 앨범 [모든 삶은, 작고 크다]를 냈다. 그 안에서 그는 나무와 꽃과 새, 작고 커다란 삶에 이름을 불러주는 사람이었다. (그리고 그는 오두막 '노래하는 집'의 내부가 궁금하다는 나에게 1분짜리 영상을 찍어서 보내는 다정한 사람이다.) 어쩌면 혼자 있는 모든 것은 따로 존재할 수 없을지도 모른다. 루시드폴을 만나 새로운 앨범에 관해, 이름을 부르는 일, 관계를 맺는 일에 관해 이야기를 나눴다.

에디터 **김혜원** 일러스트 **손은경** 사진 **안테나**

안녕, 그동안 잘 지냈나요
나는 잘 지내고 있어요
다시 이렇게 노래를 부르러
그대 앞에 왔죠
지난 두 해 사이 참 많은 일들을
우린 겪어온 것 같아요
누구라도 다 그랬을 것 같기는 하지만

– 노래 '안녕,' 중에서

"언제부턴가 나무와 꽃과 새의 이름을 더 많이 알고 싶었어요.
모르는 식물들, 새들을 만날 때마다 도감을 찾고 교육도 받고,
그러면서 하나라도 더 알아가려고 해요. 그럴수록 더 많은 게 보이거든요."

제주에서는 언제 올라왔나요?
오늘 올라왔어요. 밤에 연습이 있어서요.

사진 촬영이 부담스럽다고 했어요.
그냥 제가 아닌 것 같아서요. 메이크업을 하고 포즈를 취하고, 그게 아직도 익숙하지 않아요.

그런데 [모든 삶은, 작고 크다]에 사진이 많아요. 그리고 정말 좋고요. 아내분과 서로의 사진을 많이 찍는 것으로 보였는데, 특별한 이유가 있나요?
다른 찍을 사람이 없어서(웃음). 보현이(반려견)까지, 저희가 24시간 중에 한 23.5시간을…. 셋밖에 없기 때문에 서로 이렇게 손도 찍고, 발도 찍고, 얼굴도 찍어요.

함께 있는 시간이 길면 오히려 사진을 잘 안 찍게 되지 않을까 싶었어요. 저는 여행지나 기념일에만 카메라를 들거든요.
저희가 필름 카메라로 사진을 찍는데, 사진을 다 찍고 필름이 나오면 그 필름을 택배로 서울에 보내요. 음, 슬라이드 필름 한 통에 2만원 정도 하거든요? 택배비는 4~5천원하고, 또 현상비가 만원 정도 하고요. 그러니까 한 롤을 찍으면 3~4만원이 들어요. 그럼에도 불구하고 필름 카메라로 계속 찍는 이유는, 그렇게 필름을 보내고 나중에 사진을 받았을 때, 그사이에 벌써 추억이 되어버리는 거예요. 디지털 카메라는 찍고 나서 바로 보잖아요. 그런데 이건 앨범 한 장을 넘겨 보는 것 같은 기분이에요. 그게 너무 좋아요. 그리고 지금을 계속 남겨놔야겠다는 생각을 많이 해요.

[모든 삶은, 작고 크다]는 에세이와 사진이 있는 앨범이에요. 앨범을 처음 구상할 때부터 이 모든 게 있는 앨범을 만들려고 한 건가요?
제주에 내려가면서 느낀 게, 고전적인 형태의 앨범, 케이스를 열면 CD가 있고 얇은 부클릿Booklet이 있는 앨범 자체가 사람들한테 매력이 없겠다는 거였어요. 그런데 저 같은 음반 단위로 작업을 하는 사람들은, 음반 한 장이 팔렸을 때 가장 정당하게 대가를 받는다는 느낌이 있거든요. 제가 디지털 싱글을 자주 내는 사람이면 그렇지 않았을 거예요. 어떻게 해서든지 이런 물리적인 앨범을 계속 발표하고 싶었어요. 그러려면 CD 이외의 무언가 다른 콘텐츠가 있어야 하겠더라고요. 이 앨범 한번 사서 들어보세요, 혹은 읽어보세요, 먹어보세요, 뭐가 되었든요. 쉽게 음악을 들을 수도 있는데, 굳이 이렇게 음반을 사는 분들에게 뭔가를 드려야 되지 않나….

앨범을 책이라고 불러도 될까 싶지만, 일단 책이라고 할게요. 책에서 "나에게 앨범과 노래란, 픽션이 아닌 다큐멘터리"라고 했어요.

음, 더 간단하게 말하면 '내가 기록한 것은 다 담겠다'였어요. 그게 무엇이든. 지금도 어떻게 보면 이번 앨범의 활동을 하는 셈이에요. 공연도 남아있고요. 그런데 내년이 되면 그때부터 저는 다음 앨범을 위한 기록을 해야 하는 셈이죠. 모든 걸 다 담겠다고 생각한 순간, 하루하루를 더 충실하게 기록하려고 하더라고요. 일기도 조금 더 쓰게 되고, 사진도 더 찍게 되고, 뮤직비디오에 쓰였던 그 영상들도 찍게 되고요.

여덟 번째 앨범이고, 이전에 책도 여러 권 냈어요. 이번 앨범은 책과 음반, 어느 걸 발표했을 때의 기분에 조금 더 가깝나요?

둘 다 아닌 것 같아요. 책을 냈을 때, 어떻게 생각하면 몸을 많이 사렸어요.

작가가 해야 하는 홍보 활동에 대한 이야기일까요?

이를테면 언론사에 가서 인터뷰를 하고 북 콘서트를 하고 저자와의 만남을 갖고, 당연하게 해야만 하는 일이 있었어요. 그런데 저는 회사에 소속되어 있다 보니까 1대1로 할 수 있는 게 있고, 1대1로 할 수 없는 일들이 있잖아요. 모두가 조금씩 불편한 상황이 생기더라고요. 조금 색달랐다고 한 이유는, 어쨌든 책 형태의 음반이니까 출판사에서 요구하는 것들도 결국 음반의 프로모션이잖아요. 훨씬 마음 편하게 할 수 있었어요. 음반 쪽도 당연히 그렇고요.

네이버 브이앱(스타들의 실시간 개인방송 앱) 안테나 채널에서 농부, 작가, 싱어송라이터, 세 가지 역할로 등장한 걸 봤어요. 작업할 때에도 자아를 분리해놓는 건 아니죠(웃음)?

(웃음)일단 농사일할 때는 아무 생각도 없어요. 생각이 떠오르지 않기 때문에 자아라는 게 뭔지를 알 수가 없죠. 그런데 양면적이란 얘기를 많이 듣긴 했어요. 꼼꼼한 듯하면서도 또 어떤 건 신경을 안 쓰고.

저는 그런 생각을 했어요. 모범생의 얼굴을 한 반항아?

맞아요. 어떨 때는 순응하는 것 같은데, 또 어떨 때는 반골 기질이 있고요. 그러니까 이를테면 고등학교 때는 별로 딴 짓 안 하고 할 줄도 모르고, 학교, 독서실, 집만 오가는 범생이었는데 갑자기 혼자 제2외국어를 중국어로 하겠다고 선생님과 싸우고 자퇴를 하려고 했다든지 하는… 그런 면이 있었어요. 그런 모습들이 섞여 있으니 밭에서 일하는 저와 이렇게 인터뷰를 하고 말하는 저는 전혀 다른 모습일 수 있겠죠.

무언가를 결정할 때 마음속에 선명한 기준이 있는지 궁금해요.

후회를 안 할 건가. 저는 앞을 보는 사람이에요. 뒤를 돌아보는 사람이 있고 지금을 보는 사람이 있고 자꾸 앞을 보려고 하는 사람이 있잖아요. 저는 지금을 보는 사람의 행복지수가 높다고 보는 편인데요, 제 아내가 조금 그래요. 근데 저는 앞을 봐요. 뒤는 잘 안 봐요. 지금 맛있는 걸 먹고 있는데, 이걸 내가 내일도 먹을 수 있는지가 중요한 거예요. 결혼하고 나서 많이 현재화되긴 했지만, 여전히 저한텐 지속가능성이 중요해요. 그래서 뭔가를 결정할 때 항상 시간이 지나도 후회를 안 할 건가, 그게 가장 큰 기준이에요.

그러면 서울에서 제주로 내려온 것도, 농사를 짓겠다고 마음먹은 것도 후회하지 않으리라는 확신이 있었던 건가요?

그런데 더 웃긴 건, 정작 중요한 결정은 그런 생각 자체가 안 들고 몸이 먼저 움직여요. 멋있게 얘기하면 직관인데(웃음), 그냥 그래야 할 것 같은 때가 있어요. 예를 들면, 스위스에서 연구원 생활을 하다가 한국으로 돌아가서 음악만 해야겠다는 결정은 큰 결심이잖아요. 많은 것들을 그만두고 이전에 예상했던 시나리오들을 다 쳐내야 하는 상황인데, 그러면 생각을 많이 하고 경우의 수를 따져볼 것 같잖아요. 근데 그게 아니라 그래야 할 것 같았어요.

지금 제주는 어때요? 가장 바쁠 때 아닌가요?

그렇죠. 근데 저는 올해 귤이 별로 안 달려서…. 귤이 많이 달렸을 때면 지금 죽죠. 사람 구하느라 엄청 애먹고 친구들의 사돈의 팔촌까지 전화해서 시간 되는 사람 물어보고 있을 땐데, 올해 귤이 너무 안 달렸어요. 해거리가 엄청 심한 밭이더라고요. 제가 이 밭에서는 이제 2년째라 과수원 파악을 못 했어요. 이렇게까지 편차가 심할 줄은 몰랐어요.

완벽한 농부의 삶이네요.

저는 농사를 지으려고 내려갔어요. 시골에 살면서 최대한 자급자족할 수 있게요. 음악을 하는 사람이고 음악으로 먹고살고 있었지만, 내가 언제까지 그럴 수 있을지도 모르겠고, 가장 원초적인 방식으로 먹고살 수 있다면 그렇게 한번 해보자는 생각이었던 거죠.

[모든 삶은, 작고 크다]의 영어 제목도 'Living small and tiny farm'이더라고요. 영어 제목의 의미가 좀 더 명확한 느낌이에요.

원래 처음 앨범 구상을 할 때는 '노래하는 집'으로 해야겠다고 생각했어요. 내가 노래하는 집을 만들어서 거기서 곡을 쓰고 녹음하고 앨범이 나오는 것까지를 앨범 작업으로 보면 되겠다 싶었죠. 그랬는데 글을 쓰다 보니까 다른 할 얘기가 더 많았던 모양이에요. 오두막에 대한 얘기가 안 나오더라고요(웃음). '노래하는 집을 짓다'라는 꼭지가 맨 끝에 나왔거든요. 그다음 생각했던 게 'Living small'이라는 제목이었어요. 'Small life'하고는 조금 다른 느낌으로, 음, 그냥 저한테는 조금 시적인 느낌이었거든요.

그리고 그곳의 빛과 향기와 계절과 울림. 모든 것을 고스란히 담을 수 있다면 좋겠다고 생각하게 되었다. 아무리 근사한 여행지에서 영감을 받고, 아무리 좋은 스튜디오에서 깨끗하게 녹음을 해도 그것보다 좋을 것 같지는 않았다. 나는 내 노래가 태어날 '노래의 밭'이 갖고 싶었다.

- 루시드폴, [모든 삶은, 작고 크다] 중에서

루시드폴이 노래하는 집 내부

어떤 죽음도 무게는 똑같다. 그 무게의 이름은 이별이다. 작년에 내가 맞이한 그 죽음들. 땅 위로 내려온 그 많은 날개를 묻어주었던 기억. 나는 그 모든 이별을 하나하나 잊지 않고 있다.

– 루시드폴, [모든 삶은, 작고 크다] 중에서

이 세상에 단 하나의 길만 있을 수 없듯, 모두가 같은 길을 걷는 것처럼 보여도 실은 모두 다른 길을 걸어가고 있다는 것을. 그러니 하나의 노래도 모두에게 다른 노래로 남게 된다는 것을.

– 루시드폴, [모든 삶은, 작고 크다] 중에서

그런데 뒤에 '작은 농장'이 붙었어요.

저와 이런 이야기를 많이 나누는 친구가 미국에 살고 있어요. 그 친구 와이프는 한국 사람인데 미국에 훨씬 오래 살아서 언어 감각이 원어민에 가까워요. 그래서 영어나 이런 궁금한 게 있으면 물어보는 편인데, 물어봤더니 'Living small'이라는 제목이 참 좋다는 거예요. 좋은데, 어느 날 왜 그런지 모르겠는데 자기는 'Living small and tiny farm'이라는 제목이 자꾸 떠오른대요. 나의 모든 맥락을 알고 있는 친구들이죠. 그때는 "그런가?" 하고 넘어갔어요. 그리고 'Living small'은 부제처럼 생각했고, 출판사와 이야기를 하다 '모든 삶은, 작고 크다'로 결정됐는데, (안테나에서) 영어 제목이 필요하다는 거예요. 생각해둔 것도 없고 '모든 삶은, 작고 크다'를 어떻게 번역해야 할지도 모르겠고, 그래서 그대로 쓴 거예요.

영어 제목을 요청한 게 해외 음원 사이트 때문이 아니었을까 싶은데요(웃음), 제가 거기에서 음악을 듣거든요. 보니까 '안녕,'의 제목은 불어던데요?

'안녕,'은 이게 '하이Hi'의 의미인지 '굿바이Good-Bye'의 의미인지 애매하더라고요. 근데 프랑스에서 '봉주르Bonjour'나 '봉수아Bonsoir' 보다 캐주얼하게 쓰는 '쌀뤼Salut'가 딱 생각났어요. 그리고 만들 때부터 라틴곡의 느낌으로 만든 곡은 아예 포르투갈어로 제목을 붙였고요. 나머지는 영어죠.

이번 앨범이 '노래하는 집'에서 탄생한 첫 결과물이잖아요. 앨범을 받아본 소감이 어떤가요?

그간 모든 앨범이 그랬듯이 기뻤어요. 다만, 어서 잊고 다음 역으로 떠나자고 마음먹고 있고요. 올해 작업 기간 동안 집안일과 밭일을 많이 하지 못해서, 이다음 앨범의 작업 패턴은 뭔가 변화가 있어야겠다는 고민도 하고 있어요. 그리고 엔지니어로서 좀 더 잘할 수 있게 칼을 갈고 있고요. 필요한 장비도 계속 체크리스트에 적어가면서 작업을 언제라도 할 수 있도록 미리 사 두어야겠다고 생각해요. 어디 싸게 난 거 없나 매의 눈으로 매일 웹 서핑 중이에요.

'노래하는 집'에서 보내는 가장 좋아하는 계절과 시간은 언제예요?

실은 올해 3월부터 10월 중순까지가 제가 오두막에서 보낸 시간의 전부예요. 반년 정도죠. 그래서 계절에 대해서 얘기하긴 어렵지만, 봄도 여름도 가을도 다 좋아요. 3월은 봄이긴 하지만 여전히 난로를 피워야 하는 계절인데, 그 훈기 넘치는 열기도 좋고. 여름의 습습한 공기도 좋고. 서늘해진 가을도 좋고. 언제든 좋지요. 시간에 대해 말하자면, 시간 역시 뭐, 낮시간 주변의 쿵쿵대는 공사장 소리가 좀 그렇긴 합니다만, 다 좋습니다. 좋은 것은, 계절과 시간에 큰 상관이 없나보네요.

저는 누구나 혼자만의 시간, 혹은 혼자만의 공간이 필요하다고 생각해요. 아까 23.5시간을 아내와 보현과 함께 보낸다고 했는데, 혹시 혼자 있고 싶을 때가 있는지 궁금해요.

혼자만의 시간과 공간이 필요하다는 건, 저에겐 너무나 당연한 얘기예요. 이를테면, 저는 여러 사람과 공간을 나누며 생활하는 걸 잘 하지 못해요. 셰어하우스나 게스트하우스 같은. 심지어 고달팠던 학창시절에도 기숙사에 들어가는 것만은 기를 쓰고 피해 다녔어요. 이곳에서 집을 구할 때, 가장 신경을 썼던 것은 저와 아내가 각각 지낼 수 있는 공간이었고, 지금도 저와 아내는 각각 자신의 방에서 필요한 일과 작업을 해요. 문을 닫아 놓고 '무언가'를 하면 웬만하면 방으로 들어가지 않아요.

바다가 어떤 의미인지 묻고 싶어요. 어린 시절 바닷가(부산)에 살았다고 여러 번 이야기했었고 결국 바다 곁으로 돌아가기도 했고, 이번 앨범에는 '바다처럼 그렇게'라는 곡도 있어요.

어릴 적, 그러니까 정확하게는 초등학교 2학년 때부터 바닷가 마을에 살았어요. 게다가 외갓집이 역시 바닷가 마을이었기에, 만일 어머니의 유년시절 기억이 내 DNA에 전해진 거라면 나는 꽤 '짭짤한' 유전자를 새기고 사는 사람인 셈이죠. 언제 어느 바다를 보아도, 항상 아련해요. 아련하다… 그 말 이외에 적당한 서정의 단어를 찾을 수가 없네요.

원래도 나무와 새들의 이름을 잘 부르는 사람이었나요(웃음)? [모든 삶은, 작고 크다]를 읽다 보면 낯선 나무와 새의 이름이 자주 등장해요. 그걸 보며 관계를 맺는다는 건 이름을 불러주는 것과 같다는 생각이 들었어요.

언제부턴가, 나무와 꽃과 새의 이름을 더 많이 알고 싶었어요. 그냥 꽃, 그냥 풀, 그냥 새가 아니라, 여뀌꽃·으아리꽃·씀바귀꽃·팔색조·동박새·개머루… 그렇게요. 이름을 알지 못하면, 그냥 모르는 거니까요. 바닷가에서 자라기도 했고 어머니에게서 물고기 이름을 하도 많이 들어서 웬만한 물고기 이름은 다 아는 편인데요, 회만 봐도 어떤 생선인지 거의 다 알아요. 만일 제가 물고기 이름을 모른다면, 그냥 '물고기' 혹은 '생선'이겠죠. 갈치조림이나 고등어조림이나 다 같은 '생선 조림'이면, 세상 사는 게 너무 재미없지 않을까요? 그래서 모르는 식물들, 새들을 만날 때마다 도감을 찾고, 교육도 받고, 작년에는 새 탐조 교육도 받았어요. 그러면서 하나라도 더 알아가려고 해요. 그럴수록 더 많은 게 보이거든요.

요즘 루시드폴을 행복하게 하는 건 무엇인가요?

음악 듣는 거…. 저는 기본적으로 불안이 많은 사람이에요. 아까 말씀드렸던 것처럼 생각의 패턴이 그래서 그런지 모르겠지만, 미래에 대한 불안이 항상 있으면서도 좌충우돌하며 살아가는 그런 모순적인 사람이에요. 우리가 누군가를 볼 때 '저 사람 용감하게 자기 길을 뚜벅뚜벅 가는 것 같아' 하는 사람들이 있잖아요. 일상에서 만나는 사람이든, 혁신가든. 어느 책에서 봤는데 그런 사람들이 실제로 불안이 많다고 해요. 인간이기 때문에. 저도 그런 편이거든요. 무언가 새로운 걸 해보려고 하는 성격도 있지만 불안도 많아요. 마음을 다스리면서 하루하루를 사는 게 중요하면서도 어려워요. 특히나 음반을 내고 공연을 하고, 혹은 농사일을 하고 수확을 해서 사람들에게 파는 건 결과를 계속 끊임없이 확인해야 되는 일이잖아요. 그런 일들이 에너지를 조금 소진하게 만들어요. 그럴 때 제일 큰 위안이 되는 게 음악이더라고요.

"나는 내 노래가 태어날 '노래의 밭'이 갖고 싶었다."는 말이 무척 좋아요. 루시드폴의 '노래하는 밭'에서 가장 큰 양분이 되는 것은 무엇인가요?

얼마 전 공항 서점에서 우연히 읽고 선물한 다니카와 슌타로의 책 일부의 글로 대신할까 해요. "저도 뭔가를 쓰려고 할 때에는 가능한 한 제 자신을 텅 비우려고 합니다. 텅 비우면 말이 들어옵니다. 그러지 않고 내 안에 말이 있으면 자기도 모르게 판에 박은 표현으로 끌려가버리지만."

나의 첫 번째 가족은 히끄입니다

1인 1묘 히끄네 집

이신아 씨는 제주도 시골 마을 작고 오래된 집에서 혼자 산다. 아니, 혼자 살지 않는다. '히끄'라는 이름의 아주 특별한 고양이와 함께 산다. 가끔은 가족이 필요한 개를 임시 보호하다 입양을 보낸다. 마당 한편에는 늘 사료가 있어 거리에 사는 개와 고양이가 오며 가며 들러 배를 채우고, 한숨 자다 가기도 한다. 혼자 살기도 하고 혼자 살지 않기도 하는, 여하튼 여럿이 먹고 사는, 신아 씨네 집, 아니 히끄네 집이 궁금해졌다.

글 **정다운** 사진 **박두산**

우주 대스타
고양이 히끄

'히끄'는 인스타그램 팔로워 11만의 '우주 대스타' 고양이. '히끄' 사진을 못 본 사람은 있어도 한 번 본 사람은 없다. 확실하다. 지금이라도 당장 '히끄'라고 해시태그를 검색하면 누구라도, 혹 고양이를 좋아하지 않는 사람이라도, 홀린 듯 히끄 사진을 보게 될 테니까. 최근에는 책도 출간되었는데 나오자마자 각종 서점 베스트셀러 상위에 올랐다. 수만 명 팬을 가진 하얗고 귀여운 고양이 히끄는 얼핏 부족할 것 없어 보이지만 사실 몇 년 전만 해도 길에서 살던 고양이였다. 흰색이라기보다 회색에 가까워 '히끄히끄'라고 불리던 히끄와 신아 씨는 3년 전 길에서 만났다. 그리고 지금은 따뜻한 집에 함께 살고 있다. 하지만 처음부터 같이 살 생각은 아니었다. 물론 히끄 생각은 달랐던 것 같지만, 적어도 '히끄 아부지' 신아 씨는 그랬다.

히끄와 함께 살게 된 이야기를 해주세요.

저는 고양이를 키울 생각이 없었어요. 반려동물에 대해 관심을 가져본 적도 없는 사람이에요. 히끄는 스태프로 일했던 게스트하우스에 반년 정도 꾸준히 밥을 먹으러 오던 고양이었어요. 오래 보니 정이 들었는데, 어느 날 갑자기 사라졌어요. 다들 걱정하고 있었는데, 한 이십 일쯤 후에 꼬질꼬질해져 나타난 거죠. 씻겨보니 상처도 있더라고요. 병원에 데려갔고 상처가 아물 때까지 실내에서 임시 보호하기로 했어요. 그때까지도 같이 살아야겠구나, 하는 생각은 못 했어요. 잘 데리고 있다가 나으면 좋은 곳으로 입양 보내야지 했죠. 저는 그때 게스트하우스 다락방에서 살고 있었거든요. 함께 히끄를 돌보던 게스트하우스 사장님이 저한테 히끄를 키우라고 말할 때도 그랬어요. "아유 참 농담도 잘하시네, 저도 남의 집에서 얹혀사는데요."

혼자 살고 싶은 마음은 없었나요?

사실 그 당시 집을 구하던 중이었거든요. 제주도에서 혼자 살 집을 구하는 건 어려운 일이잖아요. 게다가 일하고 있던 게스트하우스 근처로 구하려니 더 쉽지 않았어요. 내 한 몸 뉘일 집이 이렇게 없을 수가 있나 멘탈이 부서져 있던 때에 히끄는 다쳐서 오고, 그때 제가 되게 예민하던 시절이에요. 그러다 기적처럼 집이 구해졌어요. 이제 핑계가 없어진 거죠. 그 사이 히끄의 입양처를 알아봤지만 번번이 무산되기도 했고요. 실은 그러는 과정에서 히끄와 헤어지기 싫다는 생각이 자꾸 커졌어요.

지금 살고 있는 집으로 히끄와 함께 이사 올 때만 해도 게스트하우스에서처럼 외출냥이 될 거라고 생각했어요. 그래서 어렵지 않게 같이 살기로 결심할 수 있었던 것 같아요. 그런데 일단 집에 들어온 히끄는 나가지 않더라고요.

드디어 신아 씨만의 집을 구했어요. 얼마나 좋았을까요.

아뇨. 이상했어요. 오래되어 낡은 집이라 바람이 불 때마다 창틀도 심하게 흔들리고, 벌레도 많이 나오고. 이사 전에 준비를 많이 한다고 했는데도 실제로 살아보니 보수할 것투성이었어요. 이사 첫날 밤 심란해서 잠이 안 오더라고요. 그런데, 히끄가 제 옆에서 편하게 드러누워 잠을 자는 거예요.

와, 히끄가 먼저 적응했네요.

맞아요. 그때 마음이 조금 놓였어요. 동물이 적응하는 건 안전하다고 느낀 거라고 하더라고요. 불편한 것들을 조금씩 고쳐가며 살기 시작했죠. 그런데 막상 혼자 살아보니 조금 외롭기도 하고, 하여간 기대했던 것과는 달랐어요. 히끄가 옆에 없었다면 조금 힘들었을 것 같아요.

책에도 쓴 "나의 첫 번째 가족은 히끄"라는 말이 되게 인상적이에요.

저는 늘 혼자 살고 싶었어요. 부모님, 언니, 오빠와 함께 25년 넘게 살았어요. 태어나보니까 가족이었던 사람들이죠. 제가 선택한 건 아니잖아요. 매일 저녁 집으로 들어가는 게 행복하지 않은데, 가족이라는 이유로 같이 살아야 하나, 떨어져 살아도 되는 거 아닐까, 그런 고민을 계속하던 중에 제주도로 여행을 왔고, 여행 중에 좋은 인연을 만나 게스트하우스에서 스태프 생활을 시작하게 됐어요. 부모님의 원조 없이 집을 나올 수 있는 방법이었죠. 물론 게스트하우스에서 살았기 때문에 완전히 혼자 산 건 아니었지만 가족과 함께 사는 것과는 달랐어요. 남이 오히려 편하더라고요. 그러다 2년 반 전, 지금 살고 있는 작은 집으로 이사할 때부터 제가 선택한 첫 번째 가족, 고양이 히끄랑 함께 살기 시작했고요. 저는 어릴 때부터, 과연 내

가 행복한 가정을 꾸릴 수 있을까, 사랑을 할 수 있을까 고민을 많이 했었거든요. 히끄와 함께 살면서부터 '아, 나도 사랑을 할 수 있고 가정도 꾸릴 수 있는 사람이구나' 생각을 하게 되었어요. 어디선가 개는 몸을 움직이게 해서 외과 의사고 고양이는 마음에 안정을 줘서 정신과 의사라는 글을 본 적이 있어요. 히끄를 통해 정신적인 위안을 많이 얻고 있어요. 이제 집에 가면 히끄가 있어요. 그 생각을 하면 얼른 집에 가고 싶어요. 이게 가족이 아닐까 해요.

히끄는 '아들', 신아 씨는 '아부지'라고 한다고요.

네, 스스로 '히끄 아부지'로 부르기 때문에 남자라고 생각하는 분들도 있어요. 고양이와 함께 살면 '집사'라거나 '엄마'라고 스스로를 칭하는 경우가 많은데, 엄마라는 소중한 호칭은 아기 고양이 히끄를 홀로 돌보았을 히끄의 진짜 엄마에게 주고 싶었어요.

이토록 사랑스러운 히끄는 대체 어디에서 왔을까요.

그러니까요. 이제 히끄는 꽤 유명한 고양이가 되었고, 혹시 잃어버린 거라면 원래 가족에게 연락이 왔을 수도 있다고 생각해요. 아직 연락이 오지 않은 걸 보면 버려진 게 아닐까요. 히끄가 얼마나 특별한 고양이였는지 몰라보고, 마음이 변해서 파양을 했겠지요. 상황이 달라져서 어쩔 수 없이 버렸다는 말을 저는 믿지 않아요. 마음이 변한 거고 책임감이 없는 거죠.

히끄와 함께 살면서 어떤 점이 달라졌어요?

히끄를 사람들이 좋아해주는 건, 표정이 풍부하고 귀엽기 때문이기도 하지만, 그것보다도 히끄만의 이야기가 있어서라고 생각해요. 여전히 많은 사람들이 애완동물 상점에서 동물을 사고, 그중에서도 아기 고양이만 찾죠. 다 자란 고양이를 입양하려는 사람은 거의 없어요. 히끄를 통해서 길고양이도 예쁘다거나 성묘 입양도 좋은 거구나, 하는 생각이 많이 퍼졌으면 좋겠어요. 저도 히끄 덕분에 변했거든요. 히끄랑 살면서부터 거리의 고양이들이 자꾸 보이고 그러다 보니 밥을 챙겨주게 되고, 걔들을 임시 보호도 하게 되었고요. 그런 것들을 SNS에 올리면 '좋은 일 하시네요' 하는 칭찬 댓글이 우수수 달리기도 하는데, 그게 부끄럽고 부담스러운 적도 있었어요. 저는 어쩌다 화제가 된 사람일 뿐이고, 사실 숨어서 조용히 동물들을 구조하시는 분들이 훨씬 더 많거든요. 그런데 이제는 숙명 같다고 생각해요. 혼자만 잘 살면 뭐해요. 도움이 필요한 다른 고양이가 얼마나 많은데요. 히끄는 운이 좋아서 집이 생겼고, 또 사랑을 정말 많이 받고 있잖아요. 그 운과 사랑을 다른 동물들에게 나누어 줄 수 있다면 좋겠어요. 히끄의 역할이 그런 거라고 생각해요. 저는 그걸 돕는 거고요.

히끄네 집

이신아 | 야옹서가

상처 난 길고양이와 가족 없는 '아부지'가 만났다. 제주에서 동거를 시작한 두 사람의 이야기를 묶은 책으로, '우주 대스타'라는 별명답게 발간한 지 한 달 만에 다섯 번이 넘는 재인쇄를 했다. 사람과 동물이 함께 성장해가는 모습 속에서 '관계'의 의미를 다시 한번 생각하게 한다.

선뜻,
유쾌한 혼자 되기

심리학자 **장근영**

그의 이름은 장근영. 일명 '싸이코짱가'라는 별명으로 다양한 심리학 저서를 발간하고 사람들과 이야기를 나눈다. 먼발치에서 그의 글을 보면서, 그는 A에게 설명서를 붙여주는 사람이라는 것을 알았다. 주변 인물이 A를 이해할 수 있게, A가 자신을 이해할 수 있게. 마음을 공부하고 들여다보는 것은 어쩐지 '이해'와 밀접한 일인지도 모르겠다. 그리고 A는 우리다. 혼자가 되고 싶은 우리에게 붙여진 설명서를 선뜻 읽을 차례다.

에디터 **이자연** 포토그래퍼 **Hae Ran**

“유명한 심리학자들의 실험을 보면 주어진 한계 내에서 자신이 알고자 하는 바를 발견하는 최적의 방안을 만들어내요. 엄청나게 창의적인 작업이거든요.”

반갑습니다. 근래에는 어떻게 지내고 계신가요?

국제연구기관에서 정책 연구를 하는데, 매년 보고서를 써요. 연말이 보고서 마감이라서 며칠 밤을 샜고요. 오늘은 토론회가 잡혀 있어요.

제가 꼭 뵙고 싶어서 장문의 메일을 보냈었죠.

그런 편지는 처음 받아 봤어요.

맨 처음에 심리학을 공부하기로 마음먹은 계기가 있었나요? 당시에 심리학이 지금만큼 보편적인 학문은 아니었을 텐데요.

제가 남동생이 하나 있는데, 걔랑 맨날 싸웠어요. ‘쟤는 대체 왜 저런 생각을 하지?’ 궁금하더라고요. 정확히는 내가 아닌 다른 사람의 생각이 궁금했던 거죠. 제가 아는 세상과 남들이 아는 세상이 다르다는 것을 예전부터 느꼈거든요. 제 석사학위 논문 주제가 ‘청소년기 자아중심성’이었어요. 요즘 말하는 ‘중2병’의 심리적 원인인데, 서로의 생각이 다르다는 것은 자기가 세상의 중심이라고 생각하기 때문이거든요. 이런 개인적인 관심으로 시작한 거죠.

심리학자라면 어디에나 있지만 어디에도 없는 존재 같아요. 관련 콘텐츠가 많아지면서 친근해졌지만, 여전히 잘 모르겠거든요.

심리학 교과서에도 나와 있는 내용인데, 사실 심리학은 누구나 알고 있다고 생각하는 분야예요. 그걸 심리학에서도 ‘민간심리학’이라고 해서 ‘포크싸이컬러지Folk Psychology’라고 해요. 세 살 즈음 되면 내 마음이 남의 마음과 다르다는 것을 알게 되거든요. 그때부터 거짓말을 할 수 있게 돼요. 내가 아는 것을 남이 모를 수 있다, 라는 것을 인지하는 거죠. 거짓말은 인지적 능력에서 최고의 기술이에요. 들키면 안 되니까요. 똑똑해야 거짓말을 하거든요. 그 거짓말을 하려면 상대방의 마음을 예측해야 하잖아요. 그때부터 심리학 수련이 시작되는 거죠. 처음에 상대방 마음에 대한 모형을 세워요. 이건 네 살짜리도 갖고 있어요. 우리 엄마 마음이 어떻게 구성돼 있는지, 내 동생의 마음은 어떻게 구성돼 있는지 아는 거죠. 그리고 그 모형을 가설검증을 통해서 발전시켜 나가요. 그래서 자기가 타인의 마음과 반응을 잘 알고 있다고 생각해요.

미국 드라마를 보면 대중들과 심리학자의 심리적 거리감이 굉장히 가까워 보여요. 아이가 테디 베어 눈알만 빼버려도 심리 상담을 받아보고, 부부 사이가 멀어져도 상담자를 찾는 장면이 나오더라고요.

사실 옛날에 우리나라 심리학 수요의 대부분은 점집이었어요. 점집에서 하는 일이 주로 상담이거든요. 점쟁이가 상담가가 해줘야 할 많은 것을 해줘요. 거기다가 비밀 보장까지 해주죠. 미래 자체를 알려주지는 않지만 지금 무엇을 해야 할지를 알려줘요. 미래를 핑계로 말이죠. 현재 행동이 바뀌면 실제로 미래가 바뀌니까요. 상당히 목적지향적이잖아요.

결이 비슷하군요.

원래 심리치료는 주술자가 했어요. 일명 ‘시킴굿’이나 ‘빙의’를 하잖아요. 빙의하는 기법이 심리학 드라마에서, 이미 죽은 사람이 산 사람에게 못 했던 말을 하게 해주는 거거든요. 사람들의 미결 과제를 해결해주는 거다 보니까, 심리 치료의 기능도 하는 거죠. 그리고 이 부분이 근대화되면서 과학의 영역으로 들어온 거예요.

심리학이라고 하면 연구와 상담으로 나눠지는 것 같아요.

서로 다른 분야예요. 저는 상담이나 심리 치료 분야는 아니고, 발달심리학을 연구하고 있어요. 카테고리가 다르고 요구되는 기술도 다르거든요. 상담을 하려면 자격증도 있어야 하고 수련도 받아야 해요. 아무나 할 수 있는 건 아니에요. 사람을 대하는 거니까요. 하지만 서로 무관하지는 않아요.

제가 짱가 선생님을 처음 알게 된 것은 KBS 〈신드롬맨〉이라는 TV 프로그램을 통해서였어요. 〈신드롬맨〉은 출연진들의 독특한 개성과 성향을 보고 하나의 신드롬을 찾아내는 거였죠. 설날 파일럿 프로그램으로 끝이 났는데, 이 프로그램이 흥미로웠던 건 누군가의 특이한 점에 오명을 씌우지 않고, 이해할 수 있는 틈을 주었다는 거예요.

그 프로그램의 기획 취지가 그랬어요. 사실 처음에 의뢰가 왔을 때 “이건 제 전문 분야가 아니에요.”라고 거절했어요. 그런데 제작진이 상담 분야 전문가를 찾아갔을 때, 그분들이 자꾸 진단명을 내어 놓더래요. 알고 보면 정상과 비정상의 경계가 뚜렷하진 않아요. 정도의 차이가 있을 뿐이죠. 누구나 비정상의 요소는 갖고 있거든요. 그게 개성이 되는 거고요. 제작진도 프로그램을 통해서 병명을 나누려는 것도, 출연진을 환자로 만들려는 것도 아니기 때문에 이런 것을 이야기해줄 사람을 찾았다고 하더라고요. 취지를 이해하고 우리 모두에게 숨겨져 있는 특이한 요소를 찾아보려고 한 거죠. 출연자였던 최민수 씨가 〈신드롬맨〉 취지에 가장 잘 맞았다고 생각해요. 우리나라에 실제 신드롬을 만든 사람이기도 하고요. 저희 세대 한국 남자 마음속에는 최민수 씨가 다 있었거든요. 제 친구들 중에도 자기가 최민수인 것처럼 행동하는 애들도 있었어요. 최민수 씨한테 이 얘기를 했어야 했는데(웃음).

예능 출연은 어땠어요?

예능 녹화는 처음이었어요. 그 동안 교양 프로그램을 많이 나갔거든요. 예능은 확실히 힘들더라고요. 끝나니 새벽 한 시였어요. 쉽지 않더라고요.

정규 편성이 안 돼서 아쉬웠어요. 출연진의 신드롬을 보면서 제 주변 인물을 연결시켜 떠올리게 되거든요. 제 모습도 투영하게 되고요. 그러면 그들이 그때 왜 그랬는지, 제 일상에서 이해하게 돼요.

자기도 이해하고, 자기 주변도 이해하는 게 목적이었을 거예요. 그 프로그램을 기획한 작가님이 〈나혼자산다〉와 〈비정상회담〉을 기획한 작가였어요. 타인을 이해하는 방식의 다른 버전을 생각했던 모양이에요. 프로그램이 잘되길 바랐지만 잘돼도 제가 계속 할 수 있을지 자신이 없었어요. 촬영이 너무 오래 걸리더라고요. 이 기회로 그 작가님을 만나게 된 게 가장 좋았어요. 아주 전문가거든요. 그리고 그 팀이 엄청 대단해요.

어땠는데요?

다들 자신감이 있거든요. 이런 팀이 있으니까 이런 게 잘 되는구나 싶었어요. 제가 대학원 실험실에서 팀으로 일했었는데, 잘되는 팀의 특성은 구성원 전부 기가 안 죽어 있어요. 그 팀도 하고 싶은 대로 하면 잘 될 거라는 생각을 하는 거죠. 그런데 실제로 결과물도 괜찮은 거예요. 다들 공유하는 에너지가 있고, 각자의 개성을 잘 발휘한 거죠.

자신을 '은둔형'이라고 진단 내리셨어요.

네, 저는 내향적이에요. 큰일이 없으면 굳이 사람을 만나려 하지 않거든요. 그래서 예전부터 "또 보자."고 하는 걸 피할 때, 핑계로 '은둔형'이라는 말을 써왔죠. 오래전부터 그래 왔고요.

사실 '은둔형'이라는 말에서 나오는 이미지가 별로 좋지는 않잖아요.

맞아요. 제가 게임 연구를 했었거든요. '동경대학교'와 공동 연구를 했는데, 당시 '리니지' 게임 등장의 초창기였어요. 리니지로 인한 사회 문제가 커지고, 대부분 게임 중독자가 은둔형 외톨이라고 알려지면서 부정적인 이미지가 생겼죠. 사실 게임 중독은 그 전부터 있었어요. 인터넷 중독이 먼저였으니까요. 다만 게임 중독자가 대량으로 늘어나기 시작한 게 리니지 열풍 즈음일 거예요. 인터넷 중독이나 게임 중독의 경우 사람들이 잘 이해를 못 해요. '왜 게임을 그렇게 많이 하지?'라고 생각하니까요. 그런데 이런 중독은 우울증의 하위 증상으로 진단하고, 또 가장 잘 듣는 치료가 항우울제기도 해요. 왜냐하면 우울증의 주요 증상이 은둔이거든요. '사회적인 철회'라고 표현하죠. 남들을 만나는 걸 기피하는 거예요. 사람을 만나는 게 굉장히 많은 에너지가 필요하거든요. 옷도 잘 입어야 하고, 표정 관리도 해야 하고 할 게 무척 많죠. 하지만 우울증 환자에게는 그럴 힘이 없어요. 그러니 자연스럽게 기피하게 되는 거죠.

하나의 증상으로 나타나는 거네요.

누구나 사람을 만나기 싫을 때가 있으니까요. 우울증을 보통 '심리적인 감기'라고 많이 표현하잖아요. 그게 누구나 걸릴 수 있기 때문이거든요. 완벽한 치료도 없고, 살다 보면 누구나 걸려요. 은둔자들이 타인과의 면대면 만남은 힘들지만, 만남 자체는 원하거든요. 그런 충족이 가장 쉬운 게 인터넷이죠. 은둔형 외톨이가 게임 때문에 은둔하는 게 아니고, 은둔을 하고 싶은데 은둔을 하면서도 연결이 되고 싶으니까 인터넷이나 MMORPG(Massive Multiplayer Online Role Playing Game) 게임을 하는 거예요.

은둔형이더라도 결국 사람은 사람이 필요한 거네요?

그럼요. 우울증 환자들이 아무도 만나고 싶지 않다고 하는 게, 진짜 아무도 만나고 싶지 않은 건 아니에요. 자기가 원하는 방식으로 만나고 싶을 뿐이죠. 그게 어떤 형식인지 스스로 잘 모를 수는 있어요. 하지만 사람들은 정말 외면받을까, 외톨이가 될까 두려워하죠. 생존 본능이에요. 어쨌든 진짜 외톨이가 되면 그건 죽음이나 마찬가지거든요. 저도 은둔형이라고 이야기한 건, '굳이 나서지는 않는다' 정도일 뿐이에요.

'은둔형'과 '집순이, 집돌이'라는 단어의 이미지나 분위기, 어감이 많이 달라요. 어떤 증상에 관해 명명도 중요한 것 같아요.

'은둔'은 기피고, '집순이'는 선호처럼 들리죠. 그건 낙인이론에서 많이 하는 이야기예요. 이름을 붙이는 거예요. 그럼 그 이름이 큰 효과를 발휘하죠. 가장 큰 사례가 범죄자예요. 범죄자로 낙인 찍히면 실제 범죄를 저지르게 돼요. 그것밖에 할 게 없거든요. 정신병자도 마찬가지고요. 실제 범죄를 저지른 사람들 중에 조건이나 환경이 어떻든 간에, 범죄를 저지를 사람들이 있을 수 있어요. 보통 '사회병질자'라고 불리는 사람들이요. 하지만 이런 경우는 그렇게 많지는 않아요. 다른 범죄자들은 어떤 상황에서 다른 선택의 여지가 있었지만 나쁜 선택을 하게 된 사람들이에요. 또 그중에 절반은 그 상황이었으면 나라도 범죄를 저질렀을 것 같은 사람들이 있는 거죠. 그런데 그 모든 사람들이 다 똑같은 범죄자가 되는 거예요. 낙인효과의 또 다른 대표적인 예가 '피그말리온 효과'예요. '얘는 머리가 정말 좋은 애예요.'라고 하면 정말 똑똑해지고, '부족한 애들이에요.' 하면 그렇게 되고요. 선생님이 공정하게 대하려고 하더라도 그런 영향을 받는데, 범죄자 같은 경우에는 공정하게 대우하려고 하질 않잖아요. 그러니 그 영향이 더욱 심하겠죠.

주변에서 심리적인 질병이나 현상을 바라보는 관점이나 태도도 중요하겠네요.

그게 의미를 부여해주는 것이면서 사회적인 역할을 정해주는 것이기도 하니까요.

문득 '싸이코짱가'의 뜻이 궁금해요.

지금은 후회하고 있는데(웃음), 단순해요. 제 이름이 '장근영'이라서 별명이 '짱가'가 된 거고요. 또 심리학을 의미하는 '싸이코'를 넣은 거죠. 장 씨는 대부분 짱가라는 별명이 있었어요.

혼자 활동하는 것에 대해 긍정적인 이름이 많이 붙었어요. 혼밥, 혼술, 혼여 등등. 혼자 하는 일의 진입이 쉬워지면서 혼자가 되는 것의 부정적인 시선이 거두어졌죠. 그런데 누군가가 이 현상에 반론을 제기했어요. '오히려 여러 명이 한꺼번에 먹는 떼밥이 더 이상한 거지, 혼밥은 너무 자연스러운 거 아닌가요? 그냥 밥을 먹을 뿐이잖아요.'라고요.

좋은 이야기예요. 보통 이상한 것에 이름을 붙여요. 당연한 건 너무 당연해서 특이점을 인식하지 못할 정도죠. 제가 예전에 학교 다닐 때 사람들은 혼밥을 많이 했어요. 아무도 그걸 이상하게 여기지 않았거든요. 대신 수업 시간에 모자를 쓰고 오면 이상하게 여겼죠. "대학생이 야구 모자를 쓰고 학교를 와?", "강의실에 모자를 쓴다고?" 큰일 났죠. 그런 분위기였어요. 결함이나 문제가 된다고 생각하지 않았거든요. 혼자 하는 일에 새롭게 긍정성을 부여하는 건, 혼자 먹는데 누가 뭐라고 할까 봐 신경을 썼던 걸 보여주는 거예요.

일본에서는 화장실에서 도시락을 먹는 게 화제가 되기도 했죠.
우리나라도 그래요. 비정상적인 부분이기는 하죠. 주목할 만한 가치가 있는 부분이에요.

내향성과 외향성은 그저 성향의 차이일 뿐이지 거기에 긍정성과 부정성을 주입하면 위험한 것 같다는 생각도 들어요. 그런데 사교성이 좋고 적극적인 것에는 좋은 이미지를 부여하고, 혼자 머뭇거리고 관계 맺음에 서툰 것에는 문제 있는 것 같은 이미지를 씌우잖아요.
그건 실제로 뭐가 부족한 거예요.

앗, 사람들과 꼭 좋은 관계를 맺어야 하나요?
좋은 관계를 맺을 필요가 있죠. 말씀하신 것 중에 쭈뼛거리고 머뭇대고 해야 할 말을 하지 못한다면 그건 부족한 거예요. 스스로도 부족하다고 생각할 것이고, 그 상황에서 어려움을 느낄 테니까요. 진짜 은둔형 사람들은 해야 할 때는 말을 해요. 자기가 선택해서 그 사람을 만날 필요가 없으면 안 만나는 거지, 만나게 되면 거기서 자기 역할은 다 해야 하는 건 마찬가지거든요. 누구에게나 있으면 좋은 게 자신감, 자신효능감, 자존감이에요. 그게 부족한 사람들이 있어요. 그런 사람들은 도움이 필요하다고 할 수 있죠. 은둔형의 경우 자신감이 부족한 건 아니에요. 내가 사람들과 어울리는 방식이 이게 아니고 다른 형식일 뿐인 거죠. 내가 이 상황에 어울리지 않는구나 깨닫게 된 계기들을 보면 실패 경험들이 있긴 해요. 대신 다른 부분에서 자기 자아를 찾아요. 본인이 은둔형이 되고 싶지 않은데 밀려나는 경우는, 여기에도 저기에도 속하지 못한 채 자기 정체성이 뚜렷하지 못한, 힘든 상황에 있는 경우예요.

지구가 멸망해서 나만 살아남은 상상을 하곤 해요. 인간이 혼자 살 수 있을까요?
저도 그런 상상 많이 해요. 아뇨, 혼자 살 수는 없어요. 영화 〈나는 전설이다〉와 〈오메가 맨〉을 보면 그런 이야기가 담겨 있죠. 〈캐스트 어웨이〉도 비슷해요. 결국 '윌슨'이라는 친구를 만들잖아요. 사람의 생각이라는 게 대화의 내면화 과정이에요. 생각을 하려면 상대가 있어야 해요. 내가 '나'라는 인식을 하기 위해서도 남이 필요하고요. 인간이 가지고 있는 인간적인 속성들 중에 사회적인 요소를 빼놓고 생각할 수 있는 건 거의 없어요. 그걸 다 빼놓고 나면 인간은 정말 동물과 차이가 없거든요. 살 수는 있겠지만 인간으로 사는 건 아닌 거죠. 그런데 현대 사회에서는 혼자 살아도 다 연결돼 있어요. 시장이라는 시스템을 통해서 모두가 닿아 있으니까요. 시장에 살 물건이 있고, 그 사람으로부터 물건을 사는 건 그 순간 연결이 되는 거죠. 도시에서 직접적인 대인관계를 피한 채 혼자 사는 건 혼자 사는 게 아니에요. 어떻게 지내도 혼자가 아닌 거죠.

그럼 도심에서 진정한 고립을 만드는 건 어려운 일인 거군요.
인류가 성공했다는 증거기도 하죠. 어떻게 살아도 살 수 있게 된 거잖아요.

저는 사람들과 부대끼면, 그 시간만큼 혼자인 시간도 필요해요.
미국에서 교수를 하다가 한국에 온 친구를 보면 한국에 오니까 너무 바빠서 일을 못 하겠다는 거예요. 그땐 아무도 나를 건드리지 않고 연구도 하고 일할 수 있는 시간이 많았는데 한국은 연구 이외에 할 일이 너무 많은 거죠. 어떤 면에서 이런 게 사람들이 혼자 되기를 바라는 이유일 수도 있어요. 정말 해야 할 일을 못 하는 경우가 생기잖아요.

퇴근 버스에서 창밖을 보면서 노래를 들으면 살짝 우울해지곤 해요. 근데 이게 또 나름 나쁘지가 않거든요. 저는 이걸 '가벼운 우울감'이라고 불러요.
센치해지는 게 있죠. 만족스러운 우울감 같은 건데요, 저도 가끔 그걸 느끼거든요. 한강 다리를 건너는데 햇볕이 쏟아지고 멋진 장관을 보면 약간 우울해져요. 그런 우울감을 느끼면 '내가 특별한 게 아닐까.', '다른 사람은 이런 감정을 모르겠지.'로 종종 이어지는데 그 만족감의 원인일 거라고 생각해요. 자기만의 고유성을 느끼는 경험인 거죠.

어떤 이야기를 해도 '자아'가 빠지질 않네요.
그래서 자아중심성을 연구한 거예요(웃음).

대중들의 심리학 진입이 문화적으로 낮아진 것 같아요. 관련 도서, 강연, 이벤트 등이 많아졌으니까요. 그런 작업을 통해서 자신의 청소년기를 돌아보며 '그때 엄마가 그럼 안 됐었는데, 그때 아빠가 내게 잘못한 거네.' 자각하게 되고 뒤늦게 가족에 대한 미움을 갖게 되는 경우도 있다고 해요.
네 살 이전까지 어떤 사람하고 안정적인 관계를 맺는 것 꼭 필요해요. 그 뒤에 공감능력이든 뭐든 생기거든요. 인간의 마음에는 가소성Flexibility이 있어요. 웬만한 경험들은 다 거기에 맞춰 적응하고 넘어갈 수 있는 거죠. 그런데 어떤 것을 넘어갈 수 없다고 생각하면, 넘어가지 못하는 거예요. 마음에는 스스로 정한 한계가 각자 있거든요. 과거 경험을 돌이켜 볼 때, '그때 이렇게 되받아 칠 걸.' 생각하는 미결감에 빠지는 경우가 있어요. 받은 만큼 주고, 준 만큼 받아야 하는데 그게 끊기면 미결된 거니까요. 그래서 더 많이 남기는 해요. 그게 머릿속에 자꾸 떠오르죠. 그렇다고 해서 어릴 때 겪은 게 오늘 내가 겪은 것, 1년 전에 겪은 것보다 더 많은 영향을 미친

"우울증 환자들이 아무도 만나고 싶지 않다고 하는 게,
진짜 아무도 만나고 싶지 않은 건 아니에요.
자기가 원하는 방식으로 만나고 싶을 뿐이죠."

다고 말할 수는 없어요. 영향력의 강도를 따지자면 네 살 이후는 거의 비슷해요. 특정한 이벤트가 중요한 건 아니고, 그보다 더 영향을 주는 건 일상에서 매일같이 일어나는 일들이에요.

오히려요?

어머니의 생활습관 중에 분명 나에게 남은 게 있겠죠. 몇 시에 일어나고, 밥은 뭐부터 먹는다, 어떤 것은 피한다. 이런 것은 반복이 만들어낸 것이거든요. 이벤트성으로 일어난 건 지속되지 못해요. 그건 행복도 똑같아요. 아주 큰, 대박 터진 행복이 있으면 그 뒤에 불행이 따르거든요. 마음은 정상으로 돌아가는 성향이 있어서 올라간 만큼 떨어져요. 기분이 엄청 좋으면 그 뒤로 좋았던 만큼 기분이 안 좋아지는 거예요. 그리고 다시 원래대로 돌아오고요. 기분 좋은 일이 크면 클수록 돌아오는 데 오랜 시간이 걸리기도 해요. 실제 행복연구가들이 발견한 거죠. 그것보다는 소소하게 꾸준히 일어나는 좋은 일들이 행복 향상에 좋아요. 베이스라인이 높아지니까요. 작은 일들이 중요해요. 나도 기억을 못 하는데 나에게 남아있어요. 소소하지만 축적되는 거예요. 결국 평소에 인식하지 못했지만 생활을 채워주는 것들에서 작은 행복을 느끼는 게 중요하다는 말이기도 하죠. 지속적으로 꾸준히.

베이스라인이 올라가는 게 정신적인 안정감을 말하는 걸까요?

보통 정신적인 안정감을 이야기할 때는 자신감과 연결하는 편이에요. '무슨 일이 일어나도 나는 괜찮을 거야.'라는 믿음과 연결되는 거죠. 그 자신감이 경험을 통해서 절반 정도 형성되는데 타고난 사람도 있어요. 성격 요소 중에 '빅파이브Big Five'라는 게 있어요. 개방성, 성실성, 외향성, 친화성, 신경증을 말해요. 다른 건 환경에 따라 바뀌는데 이건 환경이 바뀌거나 시간이 흘러도 바뀌지 않아요. 그중 하나가 정서적인 안정감이에요. 내향적인 사람은 어디에 갖다 놔도 내향적인 거예요. 그냥 운명이에요. 정서적인 안정감도 변함이 없어요. 아무리 최악의 상황이 와도 덜 불안해하는 친구가 있는 거죠. 불안감을 잘 느끼지 못하고요. 타고 났다는 말이 거기에 쓰이는 거예요.

드라마 〈괜찮아, 사랑이야〉에서 정신의학 관련된 인물들이 이런 이야기를 해요. "정신의학이 난 참 좋아. 사람에게 선입견을 안 만들잖아."

사실 그건 사람마다 달라요. 선입견은 보통 사례 수가 적을 때 만들어져요. 그 분야에서 사례 수가 많으면 많을수록 고정관념이 생길 가능성이 적거든요.

요새 우울한 사람이 무척 많다고 하잖아요.

정말 우울한 사람이 많은가요? 제 세대와 요즘 세대가 다른 게 많다고 느끼거든요. 이게 그런 부분 중 하나예요.

그런 시기가 있는 것 같아요. 뭔가를 새로 준비하고 적응해야 하는 시기에 두드러지게 나타나더라고요. 취업 준비, 이직 준비, 결혼 준비, 출산 준비 같은 거요.

좌절을 많이 겪으면 많이 우울해져요. 우울해지는 사람이 있고 화를 내는 사람이 있는데 요즘 사람들은 화를 내는 사람은 적고, 자기 분노를 자기에게 돌리는 경우가 잦아졌죠. 예전보다 사람들이 착해졌어요.

우리나라 특유의 정서 불안이 있을 것 같아요. 나름의 환경이 다르게 작용할 테니까요.

통계적으로 우리나라에서 가장 많이 보여지는 게 불안신경증이에요. 불안한 거죠. 공황장애도 불안장애의 일부예요. 범불안장애는 늘 어디에 있어도 불안한데 그게 갑자기 미칠듯이 불안하게 느껴지는 거예요. 사람들이 어떻게 살아도 불안한 거죠. '언제 내가 더 떨어질 수 있다.'고 생각하는 것 같아요. 90년대까지는 알코올 중독이 최고였어요. 하지만 IMF 이후 불안장애가 1위로 올라섰어요. 우리가 계속 불안하죠. 경제는 늘 최악이라고 하고요.

한국전쟁 직후, 군사정권 등 시대적인 배경이 대중의 심리에 영향을 많이 끼치죠. 가장 최근은 세월호 사태가 아니었을까 싶고요.

세월호 사건은 어떻게 처리하느냐에 따라 사람들의 반응이 전혀 다를 수 있었어요. 그게 잘못되었다는 게 확인이 된 게 다음 해의 메르스 사태였죠. 세월호 사건 때, '이렇게 진행하면 안 되는데, 이렇게 가도 괜찮은가?' 싶다가 메르스를 겪으면서 '아, 이게 완전히 잘못된 거구나,'를 알게 된 거죠. 확실히 확인을 한 거예요. 그때 아마 대부분의 국민이 박근혜 정부에 정과 손을 떼었을 거예요.

마음챙김Mindfulness이 요즘 다시 떠오르고 있어요.

제 아내가 《Mindfulness》 책을 2000년대 초반에 번역했어요. 마음챙김은 '생각하며 살자.'예요. 커피를 어디서 사 마실까, 이 옷을 살까 저 옷을 살까, 살까 말까 고민하는 거죠. 우리가 자동화된 삶을 살아요. 생각을 안 하고 살고, 습관대로 살죠. 그러면 완전히 외부로부터 영향을 받게 되거든요. 이끌어가는 대로 끌려 가는 거죠. 마음챙김이라면 '왜 내가 이걸 사야 되는 걸까?', '이걸 사면 내가 얻는 게 뭘까?', '내가 지불해야 할 대가는 뭘까?' 생각하는 거죠. 그러니 〈김생민의 영수증〉도 한 맥락이이에요. 어떻게 소비를 할 것인가 계속해서 궁리하는 거잖아요. 현명한 소비, 현명해지자는 거니까요. 이것을 처음 주창한 사람의 요지는 그거예요. '우리가 생각하지 않으면 금세 늙어버린다.' 실제로 양로원에서 실험을 했는데, 한 집단은 양로원 프로그램 대로 살게 하고, 다른 집단은 모든 게 똑같은데 화분 하나를 제공하죠. 그 화분을 굽어 살피기 위해서 그 사람은 생각을 해야 해요. 결과는 그 화분 하나를 통해서, 지능 저하가 늦어지고 신체 상태가 좋아졌어요. 내가 돌봐야 하고 생각해야 하는 대상이 생긴 거거든요. 사람들이 '정신줄 놓는다.'는 말을 자주 쓰잖아요. 그 순간 정신적인 수준이 낮아져요. 정신줄을 놓치지 말자는 것이 마음챙김인 거죠.

《피로사회》에 현대인은 너무 피로하다, 우리는 멍 때릴 시간이 필요하다는 이야기가 나오잖아요. 그럼 상반되는 이야기일까요?

《피로사회》에서는 사람들이 생각이 많아서 피로한 게 아니라 할 일이 너무 많아서 피곤한 것으로 나와요. 신경 쓸 일이 많은 거지, 깊이 생각할 수 있는 건 아니거든요. 마음챙김의 관점에서는 생각을 안 하고 그때그때 응대하면 할 일이 늘어난다고 봐요. 대신 하나를 깊게 고민하면 그 일은 완전히 처리가 되죠. 그러면 장기적으로 부담이 줄거든요. 그런 면에서 《피로사회》에서 제시된 해결책도, 멍 때리자는 게 생각을 안 하자는 게 아니라 지금 당장 처리해야 할 일에서 벗어나서 깊이 생각할 거리를 찾아서 안으로 들어가자는 거예요. '이거 내가 왜 하지?'부터 시작해서, '내가 왜 이렇게 바쁘지?' 생각을 하자는 거죠. 그럼 점점 나아질 테니까요.

아내분께서 이 책을 번역하셨다면 같은 분야의 일을 맡고 계신 가봐요.

제 아내도 저와 같이 연세대학교 심리학과를 졸업했어요.

그럼 캠퍼스 커플이었나요?

CC였죠. 제가 87학번, 아내가 89학번이에요.

심리학도의 연애는 어때요? 간파를 정말 잘하나요(웃음)?

냄새 기억 실험 때문에 자주 만나면서 아내와 가까워졌어요. 실험이 핑계였죠. 그런데 더 가까워지게 된 건 논문 쓸 때 타이핑 쳐주고 그런 일을 도와주면서였어요. 전공과 별로 상관없는 부분이죠.

역시 심리를 간파하는 것보다는 헌신과 노력이군요.

그럼요. 하기 나름이에요. 연애는 어려운 거죠(웃음).

심리학 관련해서 일반인이 봐도 흥미로운 실험이 많더라고요.

제가 제일 많이 응용하는 실험은 짐바르도Philip George Zimbardo의 실험이에요. 가상 감옥 실험인데요, 낙인효과에 대한 실험이거든요. 성격론에 관한 내용이죠. 그가 질문했던 건 죄수에 관해 '그들이 원래 그런 사람들이냐 혹은 감옥에 들어갔기 때문에 그렇게 된 거냐'였어요. 자기가 죄수라고 생각해서 그런 건지, 아니면 죄수라는 의식이 없어도 원래 그런 건지 실험하는 거죠. 그런데 '너는 죄수야.'라고 이름표를 붙이고 역할을 주면 죄수가 되고, '너는 간수야.'라고 역할을 부여하면 간수가 되는 거예요. 그 실험은 성격심리학자들에게 큰 파장을 일으켰죠. 그들의 경우 모든 행동의 원인은 그 사람의 성격이라고 보거든요. 그런데 이 실험에 의하면 사람들 행동의 원인이 그 사람에게 주어진 역할, 상황이 중요하다고 말해요. 그중에서 가장 잔인한 간수가 있었는데, 가상 감옥 바깥에서는 엄청나게 젠틀한 남성이었던 거예요. 이런 것을 보면 성격하고 그 사람의 행동하고 관계가 없다는 것도 알 수 있죠. 그 실험을 많이 인용해요. 제가 군대를 가서도 느낀 게 그런 부분이기도 했고요.

존경하는 심리학자도 있겠네요.

심리학자들의 실험을 보면 주어진 한계 내에서 자신이 알고자 하는 바를 발견하는 최적의 방안을 만들어내요. 엄청나게 창의적인 작업이거든요. '스키너Burrhus F Skinner'도 무척 존경하죠. 스키너 아저씨는 워낙 독한 사람이에요. '나는 3년 안에 박사를 딸 거야.' 하고 실제로 3년 안에 박사과정을 수료했어요. 모든 파티를 안 나가고(웃음). 그런데 쥐 실험을 해야 하는데 쥐들이 배 부르면 데이터가 안 나오니까 적당히 배고프게 하면서 데이터가 나오는 '강화계획'이라는 것을 찾게 되었어요. 원래는 지렛대를 누를 때마다 먹이를 줘야 하거든요. 그런데 그렇게 하면 쥐들이 금방 배 불러서 잘 안 눌러요. 그래서 드문드문 먹이를 줘야겠다고 생각한 거죠. 드문드문 주려고 하니까 계획에 따라서 어떻게 드문드문 줄 것인지 달라지는 거죠. 몇 회당 줄지, 시간당 줄지, 아예 랜덤으로 줄지. 그런데 그 계획에 따라서 지렛대를 누르는 속도가 달라지는 거예요. 그 자체가 아주 중요한 발견이었죠. 스키너는 자동화에 관심이 많았던 사람이에요. 쥐 실험을 할 때, 쥐가 지렛대를 누르는 시간을 조교가 일일이 기록해야 했어요. 그러면 한 마리밖에 관찰을 못 하잖아요. 스키너는 그걸 자동화된 스키너 박스를 만들어서 기계가 기록하도록 만든 거죠. '스키너의 상자'가 바로 이거예요. 그래서 그 사람의 데이터가 금방 쌓였죠.

역시 사람은 머리를 써야 하는군요.

그렇죠. 역시 'Mindfulness'!

마음챙김처럼 건강한 혼자를 위해서 무엇을 하는 게 좋을까요? 마음을 다스릴 줄 알아야 할 것 같기도 하고요.

심리학자 중에 '장 피아제Jean Piaget'라는 사람이 있어요. 스위스 사람인데 열네살 때 논문을 썼어요. 엄청난 천재죠. 그 사람이 자기 딸을 키우면서 쓴 글이 논문이 됐어요. 저명한 책이 되었는데 그 사람은 그야말로 '건강한 혼자'를 추구했어요. 평소에는 대학에서 강의를 하고 방학에는 책을 싸들고 혼자 산장에 갔어요. 가족들도 없이요. 방학을 보내고 내려올 때면 책 한 권이 만들어지는 거죠. 그렇게 지냈어요. 자기가 혼자 있어야 할 때를 정확히 알고 선택을 하는 거죠.

H. jnga.blog.me

당신은 혼자가 아니다

울프소셜클럽

울프소셜클럽을 처음 인식했던 것은 이곳에서 '콘엪팅'이라는 이름의 여성 프리랜서를 위한 소셜 프로그램을 진행한다는 이야기를 보았을 때다. 혼자 일하는 여성. 세상엔 수많은 특별한 직업이 있지만, 그 앞에 '여성'을 붙이면 조금 특별해지는 것 같다. 즐거운 고독이 아니라 어쩔 수 없는 상황이, 사건이 사람을 고립시키는 순간이 있다. 울프소셜클럽은 그럴 때 당신은 혼자가 아니라고 말해줄 수 있는 곳이다.

에디터 **김혜원** 포토그래퍼 **Hae Ran**

Little Yard was in an area
right groups, especially around
Street market. Neo-Nazi stickers
of the ground floor windows at
to See Red's door. One
we arrived at work to find
more serious had occurred. The
been broken into, ink poured
machines, paperwork in the
and urinated on and structural
the stairwell and the door. The
the familiar pinned up logo
to the wall near the door. Later in
policeman arrived to take down
his attention was drawn to the
it was probably someone's
he enquired whether we printed any
leaflets that people might
we had little faith in the
of law and order at the time.
was obviously very upsetting and
women in the collective would avoid
on their own for fear of
it was happening to other groups,
such as Union Place and
Press and we didn't know if it would
July 1980 issue of Spare Rib carried

a report of the incident: 'Fascis
combined with an appeal for f
repairs. 'Being faced at this s
bills puts our future in jeopa
the loss of our workshop w
women's movement'. No
indicate women's fears f
and the kind of security
taken during the week
highlighted even mo
new premises.

'Violence has b
it started with
Front, then w
andon Eas
holiday w
the NF. T
over m
numb
over
pa
w

밖으로 나온
(자기만의) 방

한남동 블루스퀘어에서 이어지는, 흔들거리는 육교를 건너면 '울프소셜클럽'이 나온다. 아름다운 문양의 하얀 창틀이 인상적인 외관. 문을 열고 안으로 들어서면 제목은 알 수 없지만 어쩐지 익숙한 재즈 음악이 들려온다. 창이 넓은 이곳에는 빛이 잘 든다. 오후 3시에 찾은 울프소셜클럽은 기울어져 가는 겨울 오후의 빛과 음악과 조곤조곤 나누는 대화 소리가 어우러져 왠지 모르게 따뜻했다. 친구와 울프소셜클럽을 처음 찾았던 날도 그랬다. 우리의 목적지는 이곳이었고, 페미니즘에 대해, 우리가 목소리 높이게 되는 요즘의 이슈들에 대해, 그러니까 결국은 우리의 삶에 관해 이야기했다. 그런 말을 했던 것도 같다. "그래도 여기에서는 눈치 보지 않고 편하게 얘기할 수 있어서 좋다." 그곳에는 어떠한 불안감도 불쾌감도 없었다. 밝고 평온했다. 울프소셜클럽은 밖으로 나온 '자기만의 방'이다. 지금, 우리가 한 명의 개인으로, 온전한 혼자로 살아남기 위해서는 더 넓은 방이 필요하다.

MORE DIGNITY
LESS BULLSHIT
WE
BAKE
HERE

A
RESTROOM
OF ONE'S
OWN

"사람에게 공간이라는 건 굉장히 중요해요. 큰 위안이고요.
힘들고 각박하고 위태롭다고 느낄 때일수록, 마음을 줄 수 있는 공간이 필요해요."

먼저, 울프소셜클럽(이하 울프)에 대해 소개해주세요.
간단하게 소개하면 카페와 바Bar 서비스를 베이스로, 그 외에 비정기적인 소셜 프로그램을 진행하는 공간이에요.

'골목 바이닐 앤 펍Golmok Vinyl & Pup'을 운영하고 있죠. 하나의 공간이 있는데도 새로운 공간을 만든 이유가 있나요?
저는 광고대행사에서 직장 생활을 했고, 또 콘텐츠 만드는 일을 했어요. 지금은 프리랜서고요. 솔직하게 얘기하면, 나의 고용이나 수익이 예전처럼 안정적이었다면 다른 공간을 내지 않았을 수도 있어요. 여러 이유가 있죠. 나이가 들며 일이 줄어들고 불규칙해지는 데서 오는 고용 불안정과도, 경리단길(골목 바이닐 앤 펍은 경리단길에 있다)의 젠트리피케이션과도 연결돼요. 그러면서 여기까지 오게 됐어요. 겉으로 봤을 때는 아름답고 우아해 보이지만, 그 안에는 굉장히 절박하고 치열한 삶이 숨어있죠(웃음).

'울프'라는 이름에 관해 묻고 싶어요. 버지니아 울프Virginia Woolf의 이름에서 따왔다고요.
당시 저한테 《자기만의 방》이라는 책이 굉장히 의미 있게 다가왔어요. 많이 공감했고요. 더 어린 시절부터 울프와 그녀의 이야기를 알고 있었지만, 그때는 절실히 와 닿지 않았거든요. 그것이 나의 문제로 닥쳤을 때 비로소 와 닿았다고 해야 하나? 그러면서 나뿐만 아니라 독립생활을 하는 다른 여성들도 나와 비슷할 거 같았어요. 그들이 편하게 쉬었다 갈 수 있는 공간이 있기를 바랐고, 그런 공간을 만들고 싶었죠.

그런데 로고는 진짜 늑대예요. 처음 봤을 때 남성을 상징하는 '늑대'에 새로운 의미를 부여하는 것 같아 신선했어요.
《늑대와 함께 달리는 여인들》이라는 책이 있어요. 한국에서는 늑대를 남성에 비유하곤 하지만 신화나 민담 같은 걸 보면 꼭 그런 것만은 아니거든요. 한국 사람들이 가진 선입견을 비튼 거죠. 그게 재미있었어요.

인스타그램 소개글이 인상적인데요, 왜 '혼자를 위한 소셜 클럽'인 건가요?
요즘에는 모두가 파편화되어 있잖아요. 일할 때도, 휴식을 취할 때도, 실질적으로는 혼자 보내는 시간이 많아요. 배경이나 성향이나 직업이 다른 개인들이 이곳에 따로따로 와 느슨한 정서적 연대감을 공유할 수 있다고 생각했어요. '저 사람도 이런 면에서 나와 비슷한 지향점이나 방향성을 가진 사람일 것이다'라는 게 인지되면 안전한 느낌이 들잖아요.

울프의 지향점은 뭔가요?
개인적으로든 일로든 제가 집중하는 것은 페미니즘이고 여성주의예요.

그렇다면 여성 '혼자를 위한 소셜클럽' 일까요?
그리고 그것에 공감하는 사람들까지요.

카페로서 이곳을 찾는 사람도 있나요?
그렇죠. 그냥 사람 사는 동네고 번화가는 아니지만 유동인구도 꽤 있으니까요. 이곳이 어떤 정체성을 가졌는지 모르고 오는 손님도 있어요. 그냥 분위기가 좋아서 오는 사람, 커피가 좋아서 오는 사람, 햇볕이 잘 들어서 오는 사람, 밖에 있는 고양이를 보러 오는 사람, 이 공간과 연결되는 부분은 사람마다 다를 거라 생각해요. 하지만 분위기나 디테일에서 느껴지는 어떤 기운 같은 게 있지 않나요(웃음)? 그런 것에서 좋은 느낌을 받으면, 그것만으로도 의미가 있다고 생각해요.

"또한 사치와 개인적 자유와 공간이 합쳐 빚어낸 세련됨, 온화함, 품위에 대해서 생각했습니다." 《자기만의 방》에 나오는 문장이에요. 울프를 만들면서 생각한 문장이라고요.
어떤 주의를 내세우면서도 아름답고 여유로워야 하며, 호사스러운 것을 즐기는 느낌이 중요하다고 생각했어요. 그런 것들을 영위할 때 사람은 상상의 힘을 얻죠. 그것이 창작으로 이어지기도 하고요. 그래서 바이닐Vinyl이나 예쁜 케이크, 음료로 호사스러운 느낌을 주고 싶었어요.

바이닐 펍을 운영하기도 하고 방금 '호사'라고 표현하기도 했는데요, 대표님께 바이닐은 어떤 의미인가요?

지금도 함께 하는 코파운더Co-founder가 있는데, 그 친구의 개인 컬렉션이 엄청났어요. 방에만 두기엔 아까워서 우리가 좋아하는 방식으로 사람들에게 선보이자고 했죠. 그렇게 그 공간을 만들었던 거예요. 그리고 요즘에는 이런 물성 자체가 너무 소중해요. 이 스마트폰 하나로 모든 걸 해결할 수 있잖아요. 쓸데없는 것에 대한 집착이랄까(웃음)? 그런 걸 놓치고 싶지 않아요.

울프의 음악은 전부 바이닐로 들려주는 건가요?

바이닐로 들려주기도 하고 CD로 들려주기도 하는데, 주로 재즈와 클래식 위주의 음악을 틀어요.

카페와 바로서의 독립성을 갖추기 위해 메뉴와 인테리어에도 신경 쓴 것 같아요.

기본적으로 예쁜 게 좋아요. 더구나 카페라는 공간은 일상에서 약간 벗어나 기분 전환을 하는 곳이기도 하니까, 예뻐야 해요. 아쉬운 부분은 있지만요(웃음). 메뉴도 다른 곳에서 맛볼 수 없는 것을 하려고 했어요. 거대 자본이 할 수 없는 조금 더 섬세한 작업의 것들을 해야겠다는 생각을 처음부터 했기 때문에 '버터크림헤븐라떼' 같은 메뉴도 만들게 된 거예요.

비정기적으로 진행하는 프로그램에 관해서도 소개해주세요.

북클럽, 토크, 인터뷰 등 평범하지만 그 분야의 전문성을 가진 분들의 다양한 목소리를 담아내는 소셜 프로그램을 진행하고 있어요.

그 안에서도 여성이 담기는 거죠?

그렇죠. 그건 의도적인 거죠. 어딜 가나 남성의 목소리가 있잖아요. 그건 저에게 더 이상 흥미롭지 않아요. 그래서 일부러 여성들에게 더 많이 마이크를 주려고 해요. 혼자 꾸려나가는 곳이기 때문에 나라는 사람이 담길 수밖에 없어요. 기획할 때도 내가 관심 있고 좋아하는 것들로 가는 거죠. 여성이라는 것은 저에게 가장 큰 화두이고, 많은 여성분이 참여나 발화에 욕구가 있다고 생각해요.

개인적으로는 콘엪팅(Ctrl+F-ting)이라는 이름의 여성 프리랜서를 위한 프로그램이 인상 깊었어요.

일단 제가 당사자잖아요(웃음). 주변에 여성 프리랜서가 굉장히 많아요. 그리고 앞으로 점점 더 많아질 거고요. 하지만 그분들이 처한 여러 문제, 현실적 제약이나 부당한 대우에 대해서는 아무도 관심을 두지 않아요. 이들을 한자리에 모아 서로의 존재를 보여주고 서로를 발견하는 기회를 만드는 게 중요하겠다는 생각을 했어요.

존재를 확인하고 마음의 위안을 얻는 데서 그치는 게 아니라 좋았어요. 좀 더 분명한 행동인 거잖아요.

그렇죠. 그때 모토도 '새로운 일, 큰 일, 돈 되는 일'을 위해 우리가 조금 더 연결되는 모임이면 좋겠다는 거였어요. 그리고 만약 혼자 할 수 없는 일이 갑자기 생겼을 때, 그때 봤던 누군가에게 도움을 요청할 수도 있는 거고요.

페미니즘은 분명 세계적인 흐름이에요. 그럼에도 울프를 시작하기 전 고민되는 부분이 있었을 것 같아요.

세상의 절반은 여성인데, 여성이 안전하고 여성이 좋아하는 것을 고려한 공간은 거의 없었던 것 같아요. 그래서 '내가 한다'라는 생각도 있었어요. 주변에서는 리스키Risky 하지 않냐, 불편해하는 사람이 있지 않겠냐, 하는 우려의 목소리도 있었죠. 그런데 저는 누가 그런 우려를 하면 우려하는 방향을 택하는 사람이에요. 사람에게 공간이라는 건 굉장히 중요해요. 큰 위안이고요. 힘들고 각박하고 위태롭다고 느낄 때일수록, 마음을 줄 수 있는 공간이 필요해요.

대표님도 혼자 일하는 사람이에요. 기대고 싶은 상황에서 대표님이 의지하는 것은 무엇인가요?

예전에는 아무한테도 의지하지 않았어요. 그게 독립적인 사람이고, 독립적인 여성이라는 이상한 아집이 있었죠. 지금은 주변에 있는 여자 친구들한테 많이 의지하는 것 같아요. 저 사람이 나를 도와줄 수 있고, 나도 저 사람을 도와줄 수 있다는 생각을 해요.

버지니아 울프는 여성이 픽션을 쓰려면 자기만의 방과 일 년에 500파운드가 있어야 한다고 했어요. 질문을 바꿔서 여성이 지금 시대에 혼자 살아가는 데 필요한 게 있다면 뭘까요?

책을 읽어보면 아시겠지만, 그때와 달라진 게 거의 없어요. 여전히 경제력이 필요한 것 같아요. 그런데 지금의 현실은, 제가 어렸을 때보다도 경제력을 갖추기가 더 힘들어졌어요. 성별 임금격차 같은, 기본적인 경제력을 갖출 수 없게 하는 여러 요인이 있죠. 여성들이 경제력을 갖추기 위해서는 싸울 수밖에 없어요. 그리고 이런 목소리가 제대로 전달되기 위해선 연대가 필요한 거죠.

앞으로 계속 지켜나가고 싶은 울프의 가치나 철학이 있다면 무엇인가요?

그래서 제가 쉽게 써놨어요(웃음). "More Dignity, Less Bullshit." 영혼을 잃지 않는 공간, 사람이 되고 싶어요. 절박한 상황이나 자신이 공격을 당한다고 느낄 때, 사람은 쉽게 바닥을 드러낼 수 있어요. 그럴 때도 존엄을 지킬 수 있는 것. 누가 보지 않더라도요.

방에서 나와 울프에서 읽고 맛보고

북카페는 아니지만 곳곳에서 눈에 띄는 책들에, 책 한 권을 추천해달라고 부탁했다. “여기 있는 책은 다 제가 좋아하는 책이고 집에 있는 책을 가져온 거예요(웃음). 요즘 제가 집중하고 있는 문제는 ‘가부장제’예요. 그리고 가부장제에서 뗄 수 없는 문제가 가사 노동의 불평등이죠. 《아내 가뭄》은 여성에게 집중된 가사 노동에 관해 잘 설명된 책이에요. 굉장히 잘 읽히기도 하고요.”

주류와 음료 모두 즐길 수 있는 울프에서 가장 널리 알려진 것은 ‘버터크림헤븐라떼’다. 하얀 거품 위에 올라간 노란 버터는, 버터와 생크림을 섞어 만든 말 그대로 ‘버터크림’. 그러니 차가운 음료일 때에도 애써 버터를 녹이려 하지 말고 그냥 함께 마시면 된다.

울프소셜클럽

A. 서울시 용산구 한남대로 158

H. instagram.com/woolfsocialclub

내 이름은 죽음

'혼자'를 떠올릴 때 가장 먼저 생각나는 단어에 대해서

'나는 죽음입니다'라는 문장으로 시작하는 글을 쓴다. 나는 나를 알기 위해 몇 개의 질문을 던지고, 또 몇 개의 밑줄을 긋는다.

에디터·포토그래퍼 **김건태**

첫 번째 밑줄, 소설 〈침묵의 미래〉

"나는 무엇일까요?"

나는 없습니다. 하지만 나는 분명 존재합니다. 존재하는 순간 부재하는 존재, 이 서툰 말장난이 의미하는, 그게 바로 나입니다. 나는 내가 가진 언어로 나를 표현할 수 없기에 나를 유추할 수 있는 구절을 여기에 적어보고자 합니다.

"나는 구름처럼 가볍고 바람처럼 분방해 시시각각 어디로든 이동한다. (중략) 나는 이렇게밖에 나를 설명하지 못한다. 다른 부족의 몇몇 문법을 빌려 말한대도 마찬가지다. 우리에겐 뚜렷한 얼굴이나 몸통이 없다. (중략) 어느 민족에게 사랑은 접속사, 그 이웃에게는 조사다. 하지만 또다른 부족의 경우 그런 건 본디 이름을 붙이는 게 아니라 하여 아무런 명찰도 달아주지 않는다. (중략) 그에게 모어(母語)란 호흡이고, 생각이고, 문신이라 갑자기 그걸 '안 하고 싶어졌다' 해서 쉽게 지우거나 그만둘 수 있는 게 아니었다. 그는 말과 헤어지는 데 실패했다."

– 김애란, 〈침묵의 미래〉 중에서

김애란의 〈침묵의 미래〉는 '소수 언어', 즉 사라져가는 언어의 정체성을 언어 자신의 입으로 말하는 소설입니다. 나의 정체가 바로 그녀의 묘사와 닮아있다고 생각합니다. 형체가 없어 어디로든 이동하는 유령. 다양한 수사로 표현할 수 있지만 또 어떤 문법으로도 정확히 설명하기 힘든 이름 없는 존재. 떼려야 뗄 수 없는 호흡 같은 것. 사전에서는 나를 두고 '생물의 생명이 없어지는 현상을 이른다'고 합니다. 사람의 숨을 걷어가는 일, 나는 죽음입니다.

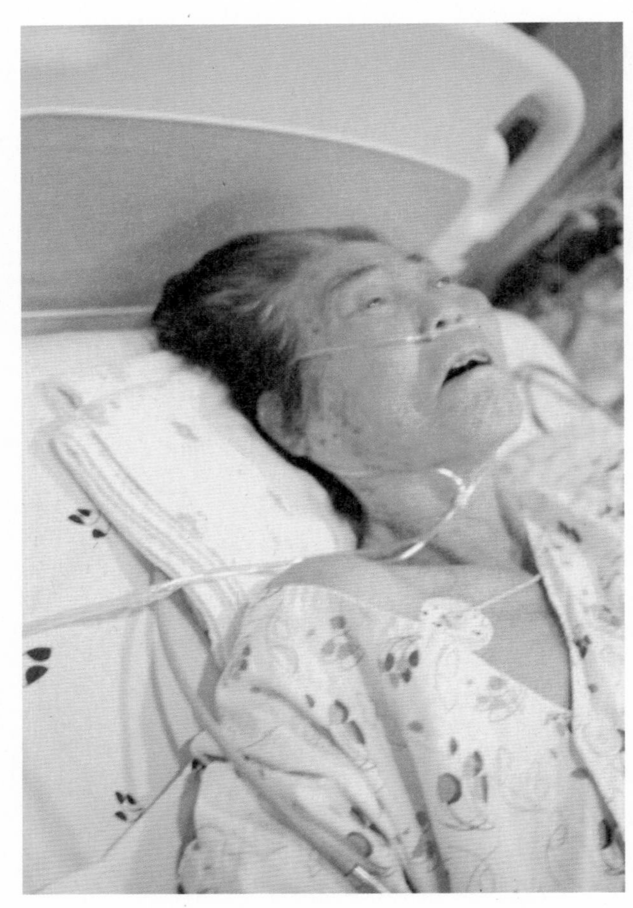

두 번째 밑줄, 한 장의 사진

"나는 어떤 색일까요?"

여기 한 장의 사진이 있습니다. 침대에 누운 그녀의 이름은 이경순. 누군가의 할머니입니다. 그녀는 지금 무엇을 보고 있을까요. 눈동자에 맺힌 상을 보니 아마도 그녀는 천장에 매달린 전등, 어느 한 점을 바라보고 있는 듯합니다. 망각했던 과거 또는 곧 마주할 미래, 전생의 어떤 것. 그 빛이 무엇을 그리고 있는지 오직 그녀만 알고 있겠지요. 코에 꼽힌 가느다란 호스가 그녀의 호흡을 돕고 있습니다. 아마도 그녀는 스스로 숨 쉬는 법을 잊은 것 같습니다. 그녀의 입은 벌어져 무언가 말하려는 듯 보이지만, 아무도 노인의 침묵을 알아듣지 못합니다. 그 마지막 말은 누구를 위한 묵음이었을까요. 나는 곧 내 방식대로 그녀를 색칠하려 합니다. 서서히 밀려오는 파도 같은 심정으로 그녀의 머리를 하얗게 물들입니다. 바로 얼마 전까지도 분홍색을 좋아했다는데, 그러나 지금 그녀는 하얀색과 가장 잘 어울립니다. 기억할지 모르겠지만 그녀는 태어나기 전 이미 한 번 나를 만났습니다. 그녀의 부모는 가난한 탓에 그녀를 배 속에 묻으려 했지요. 하지만 아가는 결국 깜깜한 동굴을 탈출했고, 마침내 세상을 향해 처음 눈을 떴을 때 온통 하얀 빛이 그녀를 반겼습니다. 나는 이제 그녀가 처음 마주한 색으로 다시 시간을 되돌리겠습니다.

세 번째 밑줄, 동화 《춤추는 고양이 차짱》

"나도 누군가의 꿈일까요?

"나는 고양이 차짱. 나는 죽었습니다. 아니, 춤추고 있습니다. '죽었다'와 '춤추다'는 다른 건가? 난 잘 모르겠어요."

– 호사카 가즈시, 《춤추는 고양이 차짱》 중에서

고양이 차짱은 살아있을 때 '달리고 놀고, 달리고 놀고', 엄마와 아빠가 잠들었을 때도 '달리고 놀고' 또 달리던 아이였는데, 마지막에는 바싹 말라버렸습니다. 그러다 나를 만난 이후로는 그저 춤을 춥니다. 풀숲, 꽃잎, 구름, 고래와 거북이, 물고기들 사이에서 날아다닙니다. 차짱은 슬프지 않다고 말합니다. 다시 춤을 추게 되어서 기쁘다고요. 하지만 남겨진 차짱의 엄마와 아빠는 울고 또 울었습니다. 때때로 어떤 것들은 나를 만나서 잊었던 꿈을 다시 꾸기도 하고 반대로 절망에 빠지기도 합니다. 하지만 나는 스스로 가여움도 노여움도 느끼지 못합니다. 슬픔도 연민도 감격과 환희도 권태로움도 내게는 없습니다. 나는 누구에게도 마음을 줄 수 없습니다.

네 번째 밑줄, 사노 요코 씨의 경우

"나의 반대말은 뭘까요?"

많은 것들은 자신의 반대를 갖습니다. 동쪽과 서쪽, 여름과 겨울, 동전의 앞뒤. 그렇다면 나의 반대말은 뭘까요? 사람들은 종종 내 이름 앞에 '삶'이라는 단어를 붙이곤 합니다. 이때의 삶이 아주 긴 시간 이어지는 지속적인 과정을 의미한다면, 죽음은 일종의 결말의 순간으로 받아들여집니다. 그래서 나를 목전에 둔 사람들은 때때로 자신의 삶을 피폐하게 만들어버리곤 합니다. 이미 반전을 알고 있는 스릴러 영화를 볼 때처럼 건조한 상태로 말이죠. 하지만 모두가 그런 건 아니고 조금 더 자기 자신에게 집중하는 사람도 있습니다. 그녀의 이름은 사노 요코, 죽음을 앞둔 그림책 작가입니다.

"1년 전에 유방암 수술을 받았다. 암이라고 하면 주변 사람들은 얼굴이 새파래져서 눈을 끔뻑거리며 친절하게 굴었다. 나는 아무렇지도 않았다. 셋 중 하나는 암으로 죽는다. 당신들도 시간문제야. (중략) 암은 좋은 병이다. 얼굴이 새파랗게 질려 병문안 오는 사람들이 멜론 같은 걸 사 온다."

– 사노 요코, 《사는 게 뭐라고》 중에서

매일 아침 머리가 한 움큼씩 빠지고, 일어나는 시간이 조금씩 느려지는 이 노인은 자신의 상태가 대수롭지 않다는 듯 멜론 타령만 합니다. 2년밖에 살지 못한다는 시한부 선고를 받고는 차를 재규어로 바꾼 다음, 마작을 배우고, 한국 드라마를 너무 열중해서 본 나머지 턱이 돌아가는 일까지 경험합니다.

"나, 예순여덟. 생애 최초로 남자 밝힘증 만개. 바람둥이, 불륜, 양다리나 문어발, 삼각 사각 관계 환영, 단 조건은 젊을 것, 일부를 제외하고 쉰 살 이상 불가, 미남 추남 가리지 않음. 매일이 즐거워서 견딜 수 없다. 마치 드넓은 하늘로 풀려난 새 같다. (중략) 원빈은 아시아 최고의 미남, 이병헌은 목울대로 감정을 표현하는 연기파, 최민수는 배우 미후네 도시로를 젊고 샤프하게 만든 어두운 매력의 섹시한 남자. (중략) 예순여덟은 한가하다. 예순여덟은 찾는 이가 아무도 없다. 예순여덟의 할머니가 무얼 하든 말든 관심을 두는 사람은 없다. 외롭냐고? 농담 마시길. 살날이 얼마 없으니 어린아이처럼 살고 싶다."

– 사노 요코, 《사는 게 뭐라고》 중에서

그렇다고 그녀의 상태가 마냥 좋은 건 아니었습니다. 예컨대 항암제로 반질반질한 대머리가 되었고, 나쁜 세포가 뼈로 전이되었으며, 까마귀가 자동차 보닛 위에 매일 똥을 싸대는 상황이 이어집니다. 매일매일 건망증과 신경질이 늘어 자기혐오를 늘어놓기도 합니다. 하지만 그녀는 자신의 삶을 억지로 연장시키기보다는 아주 좋은 얼굴로, 이를테면 모건 프리먼 같은 표정으로 나를 마주하기 위해 노력합니다. 더 나은 혼자가 되기 위해서 말이죠.

"지금 가장 좋아하는 남자는 모건 프리먼이다. 아들한테 '모건 프리먼은 맨날 좋은 사람 역할로 나오네'라고 말했더니 '저 녀석이 악당 역이면 정말로 무섭다고. 저런 얼굴을 하고 있으니까'라는 대답이 돌아왔다. 그 말이 정답입니다."

– 사노 요코, 《사는 게 뭐라고》 중에서

1인분의 여행

여행지 일기

그곳이 어디든 내 마음대로 방향을 바꿨다. 구글맵을 보고 열심히 찾아간 카페에서도, 우연히 들어간 식당에서도, 늘 내 앞엔 1인분의 커피, 1인분의 식사가 놓였다. 그 테이블에 앉아 나는 나와 보낸 시간을 '일기'라는 이름으로 기록했다.

에디터·포토그래퍼 **김혜원**

과도한 친화력이 불편하다. 어제 함께 귤을 먹자고 방문을 두드리던 옆방 남자. 그는 자신의 노크가 공포가 될 수 있다는 걸 모르겠지.

2016. 2. 29. 제주

바다 보다는 산, 대리석 보다는 나무, 하얀벽 보다는 회색벽, 카페모카 보다는 아메리카노, 케이준 샐러드 보다는 리코타치즈 샐러드, 온돌 바닥 보다는 침대, 어색한 여럿 보다는 외로운 혼자.

2016. 3. 1. 제주

GO BY
RAIN
UNION
STATIO

비를 맞으며 한참을 걸었다. 카메라를 많이 꺼내지 못했다. 외국인이라서, 혹은 관광객이라서? 아무도 신경 쓸 필요가 없는데 나는 왜 아직도 '무언가'를 의식하는 걸까. 이게 그냥 나인 걸까.

2016. 6. 17. 시애틀

포틀랜드로 가는 기차 안이다. 손짓, 발짓을 동원한 짧은 영어로 어떻게든 살아가고 있다. 여행하고 있다. 역시 모르는 것보다 하지 않는 게 더 부끄러운 일이다.

2016. 6. 20. 시애틀

오늘 꽤 많은 곳을 다녔다. 정말 여행자다운 여행. 그치만 이런 여행은 정말 나랑 맞지 않는다. 숨차고 초조한 것, 도장을 찍기 위해 뛰는 것. 누군가의 일상에, 나도 일상으로 만나고 싶다.

2016. 6. 20. 시애틀

집에 가는 길은 항상 편했는데, 낯선 곳에서 떠나고 돌아오는 것을 반복하다 보니, 떠나는 것보다 돌아오는 것이 훨씬 어려운 것 같다. 실제로 더 어려워. 떠나는 것과 돌아오는 것, 돌아올 곳이 있다는 것.

2016. 6. 21. 시애틀

감각해야지만 감각할 수 있는 것들에 관해 생각한다. 흐릿했던 도로 위 차들의 불빛이 선명해지는 걸 바라보며, 아름다웠던 물에 비친 그림자를 바라보며. 사랑과 슬픔, 아픔은 어디까지가 나의 것일까. "어서-차라리-어두워버리기나 했으면 좋겠는데-벽촌의 여름-날은 지루해서 죽겠을 만치 길다." 이상을 읽으며 영원히 알 수 없을 것도 생각한다.

2016. 11. 21. 도쿄

많이 걸었고, 많이 멈췄다. 길을 잃어서이기도 했고, 놀라움 때문이기도 했다.

2016. 11. 22. 도쿄

쓸모없음을 사고 싶다. 오로지 아름다움으로 기능하는 것들을 사보고 싶다. 기념 사진을 찍고 다시 상자에 담겨 서랍 깊숙이 넣어둘 것들을 갖고 싶다.

2016. 11. 23. 도쿄

카레 집을 찾으러 가는 길에 서양인 두 명이 내가 사진 찍은 시계탑을 찍었다. 다른 사람의 눈으로 관광객인 나를 보는 것 같았다. 여행이란 그런 거겠지, 일상에 틈을 만들어 보이지 않던 것을 보이게 하는 것.

2016. 11. 23. 도쿄

음악을 한 곡도 듣지 못했다. 언제 바닥을 보일지 모르는 휴대폰 배터리가 문제였다. 맥북을 간이 충전기처럼 가방에 지고 다녔다. 그럼에도 추운 날씨에 제멋대로 꺼지는 휴대폰은 안심할 수 없었다. 음악이 없는 여행을 했다. 귀를 감싼 노래만이 따뜻했던 지난 겨울의 제주를 떠올리며, 그래서 이번 여행이 더 추운 것일까.

2016. 11. 24. 도쿄

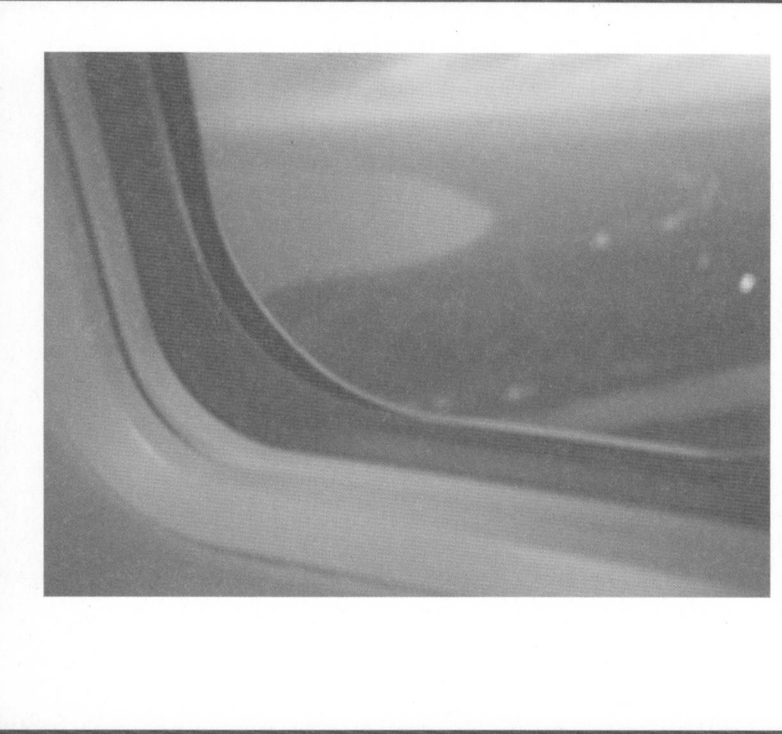

혼자 떠나는 여행과 일기

여행은 그다지 좋아하지 않지만(나에게 여행은 너무나 고단한 일이다.), 그럼에도 떠난다면 여전히, 역시 혼자다. 아직 덜 자란 내가 여행에서 가장 보고 싶고 궁금한 것은 '나'이기 때문이다. 뭔가 거창하게 들리는데, 사실 별거 없다. "너 지금 뭐 먹고 싶어?", "오늘은 어디에 가고 싶니?" 그냥 끊임없이 나에게 말을 거는 것이다. (현실은 나를 혼잣말하게 가만두지 않는다.) 그러다 보면 결국 내가 선명해진다. 알고 보니 나는 대로변 넓은 도로보다 골목길을 좋아하는 사람이었다는 것을, 때로는 무용하지만 아름다운 것을 갖고 싶어 한다는 것을 발견한다. 별다른 할 일이 없으니, 발견한 것을 일기로 기록한다. 평소에 잘 쓰지 않는 일기는 여행자에게 부여된 고단하지 않은 숙제일지도 모르고, 여기에 적힌 글들을 작년의 내가 기꺼이 해낸 숙제다. 사실 나는 일기를 모으는 사람이다. 마침 책꽂이에 《모스크바 일기》와 《애도일기》가 보인다. 나 같은 누군가에게 이 일기가 사소하고도 은밀한 즐거움이 되길, 그리고 누구든 혼자 떠나 일기를 써보길, '나'를 만나길.

타인의 혼자

친구가 머물렀던 그 자리

누구에게나 온전한 혼자만의 시간이 필요하다. 문득 친구들의 비밀 장소가 궁금해졌다. 당신은 묶인 마음을 풀기 위해 어디에 머물고 있나요?

에디터·포토그래퍼 **김건태**

모두가 열심히 조용해지는 일
도서관

"나, 도서관 가는 거 좋아해. 책도 책이지만 거기에 있는 사람들 모두 열심히 사는 것처럼 보이거든. 모두가 조용히 해야 하는 곳이잖아. 그게 좋아."

도서관 열람실에 가면 꼭 영어사전을 집어 오는 후배가 있었다. 이유를 묻자 그는 "불면증이 있어서."라는 의미심장한 말을 하고 책을 펼쳤다. 잠시 자리를 비웠다 돌아오면 여지없이 두꺼운 책을 베고 잠든 후배를 발견할 수 있었다. 책을 읽으려고 도서관에 오는 걸까, 잠을 자려고 오는 걸까. 때로는 빈 시간을 채우기 위해 도서관이 존재한다는 생각도 든다. 카페보다 차분하고 서점보다는 느긋한 그 어딘가의 시간. 내게 도서관을 추천해준 한 친구는 모두가 조용해지는 그 장소를 '부지런한 사람들의 공간'으로 표현했다. 어쩌면 도서관에서 불면증을 달래던 후배 역시 아주 작은 숨을 내쉬며, 자신만의 '성실'을 실천했던 건 아니었을까.

TIP

도서관 이용 방법과 장서의 대출 유무를 알기 위해서 도서관 온라인 사이트를 이용했다. 특히 국가도서관통계시스템 사이트(libsta.go.kr)는 전국 도서관 홈페이지 링크와 각종 통계 자료를 일목요연하게 정리해두어 편리하다.

멀리 유구한 것을 내려다보는 일
한강 다리

"해 질 녘에 한강 다리를 걷곤 해요. 집 바로 앞에 양화대교가 있거든요.
일부러 자이언티 노래를 찾아 들으면서 걸어요."

친구는 퇴근 후 7612번 버스를 타고 집으로 간다. 5년째 집세를 올리지 않았다는 원룸에서 간단히 세수를 하고 칙칙했던 얼굴에 비비크림을 바른다. 그러고는 한강 다리를 걷기 위해 약속 시간 보다 한 시간 정도 일찍 집을 나온다. 마침 귀에는 하얀색 이어폰이 꼽혀있는데, 진부하게도 '양화대교'라는 제목의 노래가 몇 번째 반복해 흘러나오고 있다. 다리를 건너는 삼십 분 동안 친구가 마주치는 사람은 두세 명, 이제 막 전조등을 켠 자동차들이 속력을 낸다. 친구는 발 밑의 미세한 흔들림이 무섭다. 하지만 어쩌면 그 덕에 조금 더 설레는 마음을 갖게 되는지도 모른다. 친구의 왼쪽 뺨이 주황빛 하늘로 물들고, 강물은 멈춘 듯 천천히 서쪽으로 흐른다. 매일 다른 강과 매일 다른 하늘이지만 친구는 오랫동안 변하지 않는 듯한 이 유구한 풍경이 좋다.

TIP

혼자 다리를 걷는 친구를 상상하기 위해 양화대교가 잘 보이는 선유교를 걸었다. 선유교에는 바닥에 나무 데크가 깔려있어 걷기에 부담이 없고, 다리 건너 선유도공원이 이어져 혼자 시간을 보내기에도 괜찮다.

작은 공간을 넓게 쓰는 일

영화관

"혼자만의 시간이 필요할 때 광화문 씨네큐브에 가요. 다른 극장에서는 상영하지 않는 괜찮은 영화도 많고, 친구를 기다리기에도 적당하거든요."

혼자 영화 보는 걸 좋아한다. 아니, 혼자 영화관에 가는 걸 좋아한다. 두 시간 남짓 붉은색 의자에 혼자 앉아서 숨죽여 스크린을 보고 있자면, 자막을 따라가는 것 외에는 아무것도 신경 쓸 일이 없어서 좋다. 애인이 있을 때는 어느 타이밍에 손을 잡을까, 어떻게 하면 잡은 손을 다시 자연스럽게 풀 수 있을까 따위를 고민하느라 영화는 안중에도 없었는데, 혼자라면 오롯이 화면에만 집중할 수 있으니 그게 그렇게 좋…. 혼자 영화를 본다면 커다랗고 분주한 멀티플렉스보다는 작은 영화관을 선호하는 편이다. 씨네큐브나 아트하우스 모모, 인디스페이스와 아트나인 역시 독립영화나 예술영화를 상영해주는데, 이런 영화관은 관람객, 특히 커플이 많지 않아 눈치 보지 않고 혼자만의 낭만(고독)을 즐길 수 있다.

TIP

아트하우스 모모에서 〈다시 태어나도 우리〉를 봤다. 린포체(환생한 고승, 살아있는 부처)의 이름으로 태어난 아이와 그의 곁을 지키는 늙은 승려의 헌신을 담은 이야기다. 나를 포함해 모두 다섯 명의 관람객이 함께 영화를 봤는데, 영화관 불이 켜질 때까지 모두 숨죽여 우느라 아무도 먼저 일어나지 못했다.

이름 모를 과거의 얼굴을 바라보는 일
운동장

"교대 운동장에 종종 가요. 앉아 있을 곳도 많고,
사람들 운동하는 거 구경하면서 멍 때리기에도 좋거든요."

교대 출신이냐는 내 물음에 친구는 "그런 건 아니지만" 하고 잠시 생각에 잠겼다. 다만 청년들이 무언가 열중하는 모습이 보기 좋다고, 그녀는 덧붙였다. 친구는 어쩌면 그 잠깐의 시간 동안 만화 《H2》를 떠올렸는지도 모른다. 흙투성이 운동복을 입은 까까머리 야구부 학생들이 '파이팅'이나 '나이스' 같은 구호로 서로를 독려하며 있는 힘껏 공을 던지고, 치고, 달리는 풍경. 버드나무는 바람에 쓸리고, 깡, 깡, 가끔씩 들려오는 알루미늄 배트 소리가 그 사이를 메울 것이다. 나는 친구의 상상을 떠올리며 어느 볕 좋은 오후에, 오래전 졸업한 대학교 캠퍼스를 찾았다. 상상 속 파이팅 넘치는 풍경은 없지만 여전히 그곳에는 한때 내가 품었던 푸른 열망, 지금 이 순간이 전부인 양 자신만만했던 태도, 치기 어린 표정을 가진 이름 모를 후배들이 각자의 현재를 보내고 있었다.

TIP

캠퍼스에서 혼자 즐길 수 있는 일들이 생각보다 많다. 가령 벤치에서 맥주 마시기, 우레탄이 깔린 트랙 돌기, 운동장이 내려다보이는 계단에서 책 읽기, 멍하니 아무 생각도 안 하기 같은 것들.

둥지에 담겨 바깥을 바라보는 일
샛강길

"당산역에 내려서 여의도 쪽으로 걸어가면 샛강길이라고 있는데,
사람도 없고 조용해요. 나무도 많고요."

귤, 제주, 기타, 평화, 자전거. 친구는 종이에 자기가 좋아하는 것들을 써 내려 갔다. 그의 단어들을 하나로 모으면 어쩐지 그게 친구의 이름처럼 느껴진다. 나무를 닮은 친구. 바람을 닮은 친구. 친구는 쉬는 날이면 숲을 찾아 걸었다. 특히 자주 갔던 건 여의도 테두리의 샛강길이었다. 정확한 이름은 '샛강생태공원'으로 습지와 억새, 이름 모를 철새들이 곳곳에 숨어있고, 길이 평탄해서 걷거나 자전거를 타기에도 적당했다. "까미노에 가기 전에 연습 삼아 매일 걸었어요. 하루에 네 시간 정도? 무릎 다 나갔어요." 나는 친구의 추천대로 거의 한 시간 정도를 걸었다. 울창한 나무 뒤편으로 높고 단단한 빌딩들이 솟아있는데, 고철과 숲, 서로 다른 온도를 가진 물성들이 하나의 이미지에 놓여 낯선 조화를 이룬다. 움푹 파인 둥지에 담겨 바깥을 바라보는 기분이란, 조금 과장하자면 마치 지금과는 다른 존재가 된 듯한 느낌이 든다.

TIP

막연하게 여의도를 생각하면 빌딩이 가득한 삭막한 이미지가 떠오르는데, 생각보다 녹색 식물이 많은 곳이었다. 공원이 섬 테두리를 둘러싸고 있고, 섬을 가로지르는 메인 공원이 있어, 친구의 말처럼 몇 시간이고 자연을 느낄 수 있을 것 같다.

그리고 가만히 앉아서 오래된 냄새를 맞는 일
명동성당

"내게도 혼자 머물기 위해 일부러 찾는 곳이 있다."

내겐 종교가 있다. 어머니 배 속에서부터 교회를 다녀 모태신앙이라고 한다. 하지만 고등학교 이후에는 거의 한 번도 교회에 나가지 않았으니 흔히 말하는 나이롱(?) 신자다. 종교는 다르지만 혼자이고 싶을 땐 명동성당에 간다. 미사가 없는 시간에 예배당 기다란 나무 의자에 앉아 가만히 눈을 감고 있으면, 성당 특유의 오래된 향이 난다. 아마도 이곳을 다녀간 수많은 사람들의 체취일 텐데, 몇 시간이고 마음이 차분해질 때까지 머물곤 한다.

TIP

관광을 위한 장소가 아니므로 경건한 마음을 가지고 방문한다. 무언가 대신 소원을 빌어주고 싶은 사람이 떠오르면 잠시 눈을 감는다.

혼자임을 잊기 위해 하는 일

I AM NOT A PHOTOGRAPHER

다들 어떨 때 외로움을 느끼고 그 마음을 어떻게 달래며 살아갈까? 생각해보다 내게도 물었다. 나는 외로울 때, 무엇을 했더라. 혼자인 나를 잊기 위해 하는 몇 가지 일을 떠올려봤다.

글·사진 박선아

그 시절에는 내가 **우주의 고아인 줄 알았다**

대학생이 되어 처음 서울에 왔을 때, 전농동의 옥탑방에 살았다. 중학생 때는 가족과 살았고, 고등학생 때는 기숙사에 살았기에 혼자 사는 일은 생애 처음이었다. 나는 혼자인 나를 어쩔 줄을 몰랐다. 잠을 자려고 누우면 천장이 하얗게 빛났고, 저녁을 먹으려고 1인용 식탁에 앉으면 밥이 행주처럼 씹혔다. 고향 집에서 챙겨온 오디오에 CD를 넣거나 라디오를 틀고, 컴퓨터로 영화를 보고, 책을 보면 그나마 나았다. 밤은 길었고 잠은 오지 않았기에 방에 틀어박혀 그렇게 몇 가지 일만을 반복했다. 가족이나 친구들은 모두 멀리 살았는데, 그나마 가끔 보는 일도 괴로웠다. 그들과 있다가 집에 돌아오면 혼자라는 사실이 더 선명해졌기에 방 밖에 잘 나가지 않았다.
언젠가 허공에 대고 "아"라고 말한 적이 있다. 며칠 동안 한마디도 하지 않았다는 걸 알아차린 날이었다. 뒤늦게 생각해보면 그 시절의 나는 외로웠고, 외로움이 주는 우울을 감당할 줄 몰라 아팠던 것 같다. 지나고 있을 때는 그게 외로움인 줄 몰랐다. 엄마가 "선아는 외로움을 많이 타서"라고 말하면 수치스러워서 입을 막았다. 외로움 같은 건 모르는 사람이고 싶었다. 시간이 흐르면서 누구나 외로움을 갖고 산다는 걸 알았지만, 그 시절에는 그저 내가 우주의 고아인 줄만 알았다.
그 우울했던 시간을 어떻게 지나왔는지 잘 모르겠다. 다만, 십여 년이 지난 지금은 그게 외로움의 슬픈 면이었다는 걸 알고 있다. 여전히 그런 시간은 찾아오고 그때마다 두렵지만 그때처럼 속수무책으로 무너지진 않는다. 나와 혼자 있을 때, 내게 무엇을 먹이고, 입히고, 재우고, 놀아주고, 보여줄지에 공을 들인 뒤로 잠을 얻고, 친구를 사귀었고, 비로소 나를 구했다. '혼자'가 은밀하고 사적일수록 '함께'도 잘 지낼 수 있다는 걸 알게 된 것은 오랜 시간이 흐른 뒤였다.

그것들을 생각하다
나를 잊어버리고

여전히 외로움을 피하는 건 뜻대로 되지 않기에, 외로움이 찾아오면 하는 일이 몇 가지 생겼다. 늦은 밤이나 새벽에 외로움이 엄습하면 침대에 누워 멍하게 있다. 그러다 엉엉 울기도 하고, 뜬눈으로 밤을 새우기도 한다. 옥탑방에 살 때와는 다르게 지금은 고양이 한 마리가 같이 사는데, 그가 같이 울어주어 조금 낫다. '내일은 밖에 나가 햇볕을 쬐자. 오늘은 일단 울자. 어쩔 수 없이 망한 밤이다.' 생각하며 그렇게 둔다. 죽을 것 같지만 매번 죽지 않았고, 다음 날이 오면 왜였는지 잊기도 한다. 다음 날까지도 외로움이 이어진다면 그날은 밖으로 나선다.

햇볕이 잘 드는 어느 자리에 가 앉는다. 카페 같은 곳은 좋지 않다. 혼자 뭔가에 집중하거나 일행과 와서 자리에 앉아 수다를 떠는 사람들을 보고 있으면 되레 외로움이 부풀 때가 있다. 버스정류장, 공원, 길거리의 어느 계단 같은 곳에 앉는다. 거기에 앉아서 지나는 것들을 본다. 그들의 걸음이나 표정, 목소리 같은 것을 그저 바라본다. 지난가을에 자주 찾았던 곳은 어느 대학의 운동장이었다. 거기 앉아 있으면 농구나 축구를 하고, 어우러져 앉아 있는 학생들이 보인다. 나에 대한 생각은 내려놓고 그저 타인의 움직임을 들여다보는 거다. 꼭 사람인 건 아니다. 때로 새이기도 하고, 나뭇잎이기도 하고, 고양이나 굴러다니는 종이 한 장, 움직이는 그림자이기도 하다.

그 행위가 어떤 식으로 내 외로움을 달래주는지는 잘 모르겠다. 여러 이유가 있는 것 같은데, 아마 '나'를 잊어버리기 때문인 것 같다. 나와 다른 모양을 관찰하고 있으면, 그것들을 생각하다가 나도 모르는 틈에 나를 잊어버린다.

누군가의 움직임을
지켜본 것만으로도

외로움은 물리적으로 혼자일 때보다 누군가를 좋아하게 되었을 때, 더 깊게 찾아오곤 한다. 좋아하는 사람의 마음이 내 것과 같지 않거나 그와 같이 있는 즐거움을 알고 있지만, 혼자 시간을 보내야 할 때 찾아오는 외로움은 도대체 어떻게 해야 할까.

지난여름, 가을을 지나 이번 겨울에 가까워질 때까지 나는 들떠있었다. 누군가를 좋아하는 마음을 표현하려고, 같이 있는 시간이 즐겁다는 것을 알려주려고, 부지런히 움직이며 알 수 없는 어디론가 빠르게 걸었다. 운이 좋아 나란히 걸을 수 있었다면 좋았겠지만, 나는 점점 더 외로워졌다. 어느 날, 내가 혼자 걷고 있다는 걸 알아차리고 가만히 멈췄다. 웅크리고 앉아 '바보같이 뭘 하는 거야.' 하며 자신을 쥐어박았다. 그렇게 앉아 있다가 주변을 둘러보니 아주 멀리에 그 친구가 보였다. 멀리서 천천히 걷고 있었다. 생각해보면 여름에도, 가을에도 그 친구는 나름의 속도로 걷고 있었다. 내가 있는 방향으로 걷는다고 느껴질 때도 있고, 아닐 때도 있었지만, 어쨌든 그는 걸음을 재촉하거나 뛰지 않았다. 그렇다고 내게 천천히 걸으라고 다그치지도 않았다. 나는 혼자 앞장서서 걸어가며 "더 빨리 와!"라고 수없이 말했던 것 같다. 혼자 토라지기도 하고, 숨기도 하고, 더 빨리 뛰어보기도 했다. 무릎을 모으고 앉아 지난 시간을 돌아보니, 움직이고 있을 때는 보이지 않던 것들이 보였다. 느리게 걷는 사람이 지켜보기에 얼마나 지치는 일이었을까. 같은 시간 속에 살지만 저마다 필요한 시간이 다르다는 걸, 멈춰서야 알아차리곤 한다. 멀리서 있는 그를 발견하자 부끄럽고 미안한 마음이 들었다.

자신이 움직이면서 더 많은 것을 보려는 것은 지나친 욕심이다. 멈춰 서서 다른 이의 속도를 관찰하고 있으면 담아두고 싶은 장면이 생기기도 한다. 매 순간을 기록하진 않지만, 드물게 눈에 박히는 것은 사진으로 남긴다. 멈춰있기 때문에 조바심을 내지 않아도 된다. 주머니나 가방에서 작은 카메라를 꺼내 조심스레 셔터를 누른다. 더 멋지게 찍겠다고 뛰어가서 거리를 좁히거나 어디론가 가서 숨지 않는다. 그렇게 있을 때는 딱 그만큼의 거리로 마음을 흔들었던 일을 남겨둔다.

오늘도 기다리는 일로 시간을 보냈다. 2017년 11월 23일의 해가 졌고, 거리를 걷고, 농구를 하고, 버스에 오르고, 벤치에 앉아 졸거나, 기타를 연주하거나, 어느 섬에서 부지런히 일했을 다른 사람들과 같은 시간을 살아냈다. 내가 느낀 '하루'가 다른 이에게 같은 길이가 아니었을 거란 사실을 생각한다. 분주하게 지나갔던 나의 하루와 다르게 오늘 누군가는 아주 지루한 시간을 보냈을 수도 있을 거다. 같은 시간이 흐르지만 저마다 다르게 느끼고 있을 거고 그건, 누구도 어쩔 수 없는 시간이다. 오늘도 있던 자리에 가만히 앉아 있어볼 생각이다. 그가 오면, 조심스레 사진 한 장을 찍고 싶다. 오지 않는다고 해도 기다리며 보낸 시간을 후회하거나 상대를 원망하진 않을 거다. 누군가의 움직임을 지켜본 것만으로도 나는 나의 외로움을 잠시 잊을 수 있었으니까.

천천히 봐야
이해할 수 있네

누구나 저마다의 자리에서 각자의 방식으로 외로움을 달랠 거다. 영화 〈스모크〉의 주인공은 담배 가게를 운영한다. 그는 13년 동안 매일 자신의 가게 앞에 서서 사진을 찍는다. 어느 날, 단골이 계산대 옆에 놓인 그의 카메라를 발견한다.

"누가 카메라를 두고 갔군."
"내 거야. 오랫동안 지닌 물건이지."
"사진 찍는 줄은 몰랐네."
"취미로 하는 거야. 5분 정도씩 날마다 찍지. 비가 오나 눈이 오나 우체부처럼 말이야."
"계산대에서 돈만 만지는 사람은 아니었군."
"남들이야 그렇게 보지만 내가 꼭 그럴 필요는 없지."
"(그가 찍은 사진이 든 앨범을 보며) 사진이 모두 같군."
"그래 똑같은 장소만 4000장이야. 7번가와 3번가의 모퉁이를 매일 오전 8시에 찍은 거지. 날씨야 어떻든 4000일 동안 찍었어. 매일 휴가 가는 기분으로 같은 장소, 같은 시간에. 내 작품이지. 평생의 작품인 셈이지."
"놀랍네, 이해는 안 되지만. 이런 일을 한 동기는 뭔가?"
"글쎄, 그냥 떠올랐어. 내가 일하는 구역에서 세상의 일부분이지만 여기서도 매일 일이 생기지. 내 구역에 대한 기록이야."
"압도당한 기분이야."
"천천히 봐야 이해할 수 있네."
"무슨 뜻이지?"
"너무 빨리 넘기는군. 사진을 거의 안 보고."
"모두 똑같잖아?"
"똑같아 보이지만, 한 장 한 장 다 틀리지. 밝은 날 오전, 어두운 날 오전, 여름 햇볕, 가을 햇볕, 주말, 주중, 겨울 오버코트 입은 사람, 셔츠에 짧은 바지 입은 사람, 때론 똑같은 사람, 전혀 다른 사람, 다른 사람이 같아질 때도 있고 똑같은 사람이 사라지기도 해. 지구는 태양 주기를 돌고 있고 햇볕은 매일 다른 각도로 지구를 비추고 있지."
"천천히 하라고?"
"해볼 만해."
"자네도 알듯이 내일 다음은 내일, 또 내일이야. 시간은 한 걸음씩 진행되지."

– 영화 〈스모크〉 중에서

별인지 아니면 인공위성인지

그녀가 잃어버린 것을 향한 애도

아델로 수녀는 지방의 어느 소도시에서 자랐다. 그 도시는 인구 10~20만 정도의 번잡하지도, 적막하지도 않은 어중간한 도시다. 작다고 하기엔 시내 거리가 제법 상권을 갖췄고, 크다고 하기엔 그 번화한 거리가 멀게 이어지지 않는다. 맥도날드가 있다고 확신하지만, 버거킹은 장담하기 어려운 바로 그런 동네다. 이곳에 거주하는 시민 대부분은 도시 주변에 있는 공장, 관광단지, 대학교에서 일하는 사람들이다. 도시의 중심인 기차역 앞에 제법 구색을 갖춘 거리가 있다. 사람들은 그 근방을 '시내'라고 불렀다. 역에서 버스로 세 정류장 거리에 있는 아파트 단지에 사는 사람들은 시내에 나와 외식을 하고 오리털 패딩을 구매했다. 시내를 둘러싼 주거 지역을 한 발짝만 벗어나면 도시도 아니고 시골도 아닌 어중된 영역에 모텔, 식당, 부동산이 흩어져 있다. 그것들은 변두리 특유의 체념과 짜증을 덮어쓴 채로 호황인 듯 보이려고 안간힘을 쓰고 있었다. 바깥쪽으로 더 나가면 인적이 없는 야산과 논밭이 펼쳐지며 도시의 분위기는 완전히 사라진다.

글 **이지원** 일러스트 **송은혜**

아델로가 성직자가 되기 위해 수련기를 보낸 수도회는 그녀가 살던 아파트 단지로부터 6키로미터 정도 떨어진 도시의 경계에 위치했다. 지독하게 한적한 곳이다. 이십여 년 전 아델로는 집을 떠나 그곳에 들어갔고, 성소를 확인하기 위해 수년간 그곳에 머물렀다. 숲으로 둘러싸여 있고 입구가 눈에 띄지 않는 탓에 주변에 거주하는 농민들조차 그곳에 그토록 멀쩡한 시설이 있음을 알지 못했다.

수도회 정문은 지방도로 변으로 나 있다. 주위는 온통 논밭이고 그 중간에 자재 창고 같은 건물 몇 채와, 빛바랜 간판을 내세운 주유소, 오리고기 전문점이 있다. 도시 쪽으로 눈을 돌리면 고층 아파트가 버섯처럼 솟아난 모습이 신기루처럼 피어오르고, 반대편으로는 고속도로 진입로가 보인다. 일반적인 관점에서 풍광이 멋진 곳은 아니다. 개발 진행이 멈춘 탓에 여기저기 콘크리트 냄새만 난다. 어느 구청장의 선거 공약으로 확장된 왕복 4차선 국도는 중앙분리대만 요란할 뿐 다니는 차가 거의 없어서 갈라진 아스팔트 틈새로 잡초가 돋아나는 중이다. 신호등은 노란불만 깜박이며 쓸모를 잃었다. 어쩌다 행인이 있을라치면 길고양이마저 관심을 보일 정도로 지나다니는 사람이 드물다.

수도회로 통하는 정문에는 바리케이드처럼 여닫을 수 있는 철문이 설치돼 있는데, 초등학생도 한 다리만 걸치면 쉽게 넘을 정도로 높이가 낮고, 그마저 낮에는 열려 있어서 좀처럼 주변과 위화감이 없다. 입구로부터 좁은 시멘트 포장도로를 따라 안쪽으로 50미터 정도 들어가면 단정한 정원에 둘러싸인 수도회 건물이 나온다. 세 채의 건물은 외딴 위치에 어울리지 않게 위엄 있고 단단해서 마치 단과대학 캠퍼스처럼 보인다.

그중 가장 큰 건물에 예배를 드리는 공간이 있다. 예배당 내부는 비교적 검소하고 아담하지만(바티칸 대성당과는 다르다) 높은 위치에 난 창문이 외부에서 들어오는 빛을 엄하게 단속해서 그런지 분위기가 사뭇 신비롭다. 아무 장식 없이 흰색 페인트로 마감한 벽이 휑뎅그렁해서 실제 기온보다 2도 정도 춥게 느껴진다. 아닌 게 아니라 그곳은 확실히 서늘하고 축축하고 어둡다. 좌우로 늘어선 목제 벤치는 더 어떻게 해볼 수 없을 정도로 낡았다. 의자 등받이 뒤편에는 성경책과 각종 교재를 보관하는 공간이 있다. 그곳에 드문드문 비치된 책 중에는 한때 아델로 수녀의 이름이 적힌 책도 있었다.

아델로는 본격적인 수련에 들어가기에 앞서 1년 동안의 청원기를 지냈다. 예배당과 교실, 숙소를 쳇바퀴 돌 듯 오가며 공부하고 일하고 기도하고 대화하기를 매일 반복했다. 이는 아델로에게 꽤 지난한 과정이었다. 영적 수련은 누구에게나 어느 정도 고난이기 마련이지만 유독 아델로 만이 겪은 특수한 어려움이 따로 있었다. 이 특수성을 이해하려면 그녀에 관해 좀 더 얘기할 필요가 있다. 물론, 언어라는 지극히 불완전한 전달 방식을 통해 한 사람을 알리려는 노력은 실패할 수밖에 없다. 우리는 결국 아델로의 마음을 지탱하는 무형의 덩어리를 한 조각도 읽지 못할 것이 뻔하다. 한 사람을 위한 진실은 그 사람의 의식 밖으로 나올 수 없다. 만약 진실이 실존하는 뭔가를 통해 밖으로 비친다면 그 순간 그것은 진실로서의 의미를 상실하는 탓이다. 그럼에도 우리는 안간힘을 다해 그것을 읽어내고자 애쓸 것이다. 그것이 그녀가 마음속 가장 깊은 곳에서 잃어버린 것들을 기억하고 애도할 유일한 방법이다.

수연은 자신이 나고 자란 도시와 마찬가지로 특색 없고 정체된 인간이었다. 자동차 기어의 중립 단계와 같다. 앞으로 나가지도 뒤로 후퇴하지도 않는다. 그렇다고 멈춰있길 고집하지도 않는다. 그녀는 이런 밋밋한 성격에 힘입어 어린 시절부터 수도회에 들어가기까지 어떤 성취를 이룬 경험이 없었다. 이는 수녀가 되기 위한 준비 과정에서도 마찬가지였다.

유년 시절을 갓 벗어난 무렵, 또래 친구들은 불현듯 소도시 밖으로 눈을 돌리기 시작했다. 그들은 틈만 나면 TV와 잡지에서 본 정보를 서로 교환하며 바깥세상을 향한 환상을 키웠다. 인터넷도 KTX도 없던 시절 얘기다. 조숙한 아이들은 일찍부터 미지의 세계를 향한 동경이랄까 싶은 질척한 감정에 빠져들었다. 연예인을 보겠다고 자기들끼리 삼삼오오 원정대를 조직해서 서울 KBS에 다녀오는 유난스러운 아이들도 있었다. 형편이 좋은 몇몇은 부모님과 롯데월드에 놀러 가거나 해외여행을 떠나기도 했다. 어느 축에도 들지 못했음에도 수연에게는 일말의 호기심이나 부러움이 없었다. 같은 반 아이가 바깥에서 경험한 무용담을 떠벌릴 때면 그 친구가 무안하지 않도록 애써 흥미를 보이는 표정을 지어냈다.

모두가 열광하는 TV 쇼, 연예인, 영화도 그녀의 흥미를 끌어내지는 못했다. 한번은 아빠가 취기에 큰맘 먹고 CD 플레이어를 선물한 적이 있었다. 여느 십 대 아이라면 졸라서라도 얻어냈을 대단한 물건이었으나, 수연의 감각은 미동도 하지 않았다. 그래도 부녀 관계는 소중하기에 기뻐하는 연기를 펼쳤다. 어쩌면 이 기회에 자신도 몰랐던 취미를 발굴할지 모른다는 희망을 품고 일주일 동안 뉴 키즈 온 더 블록의 CD를 열심히 들었다. 등굣길에, 쉬는 시간에, 잠들기 전까지 듣고 또 들었다. 뜻 모를 영어 가사를 입술로 달싹거리게 됐을 무렵에 아무리 노력해도 이런 걸 소중히 여길 수 없는 자신을 발견했다. CD 플레이어는 그 뒤로 전원이 켜진 적이 없었다.

고등학교 시절엔 번거로운 일이 많았다. 주말이면 성게 가시만큼이나 까다로운 사춘기 아이들에 섞인 채로 마치 그들과 동종인 양 행세하며 시내로 향했다. 수연은 노력했다. 여느 평범한 여고생처럼 지내보려고 영화도 보고 분식점에서 돈가스도 사 먹었다. 무엇을 해도 하나같이 시시했지만, 문제는 즐길 줄 모르는 자신에게 있으니 노력해서 바꿀 일이었다. 그때는 그게 자기 자신에게 공평치 못한 일이라든지 그래서 빠져 나오겠다는 생각은 하지 못했다. 누구에게 이런 고민을 털어놓은 적도 없다. 주변에 섞이지 못하는 미숙한 존재로 자신을 몰아세우기에 익숙했다.

늘 권태를 짊어지고 살았다. 다들 뭐가 재미있다며 깔깔대는데 도저히 억지웃음까지 연기할 순 없었다. 자연스럽게 무리 속에서 냉소적인 역할을 맡았다. 어딜 가나 이렇게 퉁명스러운 사람이 하나씩 있기 마련이라는 느낌. 애늙은이라는 별명이 붙었을 무렵, 수연에게 고민을 털어놓는 아이들이 종종 생겨났다. 질풍노도의 영혼을 투사하는 그들의 뜨거운 이야기가 쏟아져도 그녀는 무덤덤했다. 정말 저런 일로 조바심이 난단 말이야? 격양된 감정을 분출한 아이들은 흡족해하며 자리를 떴다. 수연은 그들이 분리 배출한 감정의 잡동사니를 1분 정도 물끄러미 바라봤다. 그리고 그것들을 말끔히 쓸어내 먼지도 남지 않게 소각했다.

대학생이 된 첫해에 참가한 '수도 생활 체험 학교'에서 수연은 처음으로 수도회에 들어가겠다고 결심했다. 그녀가 진학한 대학은 집에서 가까운 어느 국립대학이었다. 중위권 성적으로 지원할 수 있는 학교가 가까이 있으니 고민할 필요가 없었다. 부모님도 만족했다. 대학 생활이라 해서 특별할 건 없었다. 고등학생 시절보다 친구가 줄어들고 무료한 시간이 늘어났다. 오리엔테이션이라든지, 선후배 대면식 같은 요란한 행사에는 옷깃도 내밀지 않았다. 대학생들은 정제되지 않은 날것의 에너지를 미친 듯이 분출했다. 그 생경한 기운이 부담스러워 그들 옆에 있기 힘들었다. 짧은 수업이 끝나면 곧장 학교를 빠져 나와 패스트푸드점에서 싸구려 커피와 감자튀김을 시켜놓고 조용히 생각에 잠기는 날이 많았다.

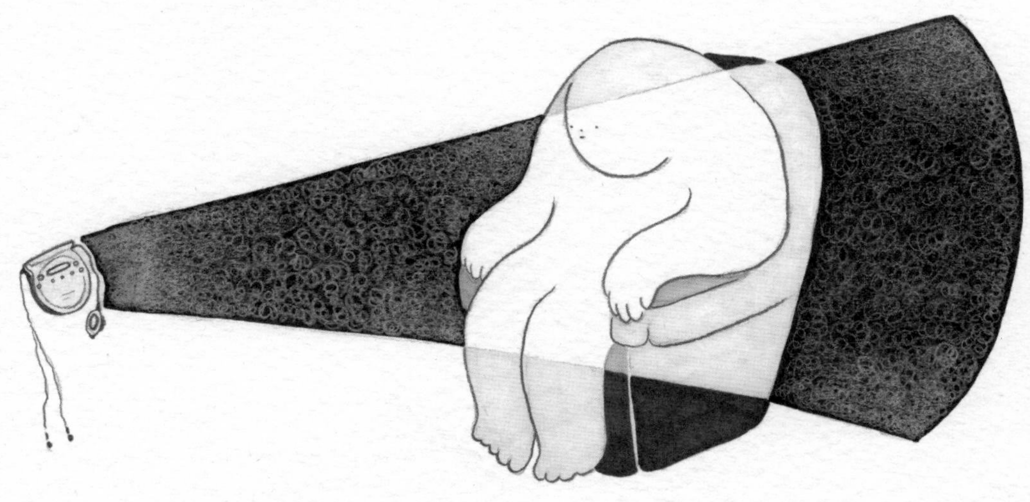

수연과는 다른 이유로 대학의 역동적 소용돌이에 적응하지 못하는 학생이 몇몇 있었다. 그들은 학창 생활의 중심으로부터 멀리 떨어져 나와 독자적 관성계를 이루며 서로의 주위를 맴돌았다. 그중 체구가 크고 목소리가 가냘픈 어떤 친구는 수녀가 되고 싶다는 바람을 조심스레 입 밖에 내곤 했다. 그 친구가 수연을 체험 학교로 끌어들였다. 왜 수연을 동행자로 택했는지 알 수 없었다. 함께 가자는 부탁을 그 자리에서 거절하지 못하고 집에 돌아왔는데, 침대에 누워 가만히 되씹어보니 '수도 생활'이라는 단어가 꽤 매력 있었다. 매력이 호감으로 자랐고, 며칠이 지난 뒤에는 이것이 자신이 은연중 바라던 이상적인 라이프 스타일이라는 근거 없는 확신마저 생겨났다. 부모님께는 취업 현장실습에 참여한다고 둘러대고, 목소리가 가냘픈 친구와 함께 수도회를 찾았다.

5일간의 체험 학교는 다소 번잡했다. 짧은 시간에 다양한 면을 보여주고자 설계한 여러 프로그램이 귀찮게 달려들었다. 하지만 이런 홍보성 행사 너머에는 단조로운 금욕적 생활이 있음이 분명했다. 빡빡한 성직자의 삶이야말로 욕망 없는 자신이 유일하게 욕망하는 대상이 아닐까 생각했다. 한 차례 상담을 거친 뒤 수연은 입회를 결정했다. 부모님의 반대가 드셌지만 어찌어찌 지나칠 수 있었다. 자식 노릇 할 언니와 남동생이 있으니까. 외동이 아니라 다행이기는 그때가 처음이었다.

예상대로 그녀는 수도회에 안성맞춤이었다. 그곳 생활은 세세한 곳까지 엄격한 규율이 따랐다. 그리고 그러한 구속이야말로 수연이 찾아 헤매던 미지의 욕망을 구체화한 종합선물세트와도 같았다. 싫어도 견뎌야 했던 세상의 번잡함을 걷어낸 담백한 나날이 이어졌다. 고독은 감내해야 할 고통이라기보단 안락한 평화였다. 아무 생각 없이 몸을 움직이는 노동도 꽤 할 만 했다. 이곳에서는 유흥과 안락을 추구해야 한다는 의무를 잊어도 좋았다. 평생 이대로 살기를 희망했다.

만족스러운 생활은 한 해를 넘기면서 신앙심의 부재라는 벽에 부딪혔다. 평생 수련생으로 남을 수는 없다. 이상적인 삶을 이어가기 위해서는 어느 시점부터 성직자가 되어야 한다. 수녀가 되는 데는 거부감이 없었다. 하지만 그렇게 될 자격이 주어지지 않았다. 수연은 그곳 사람들이 '성소'라고 부르는 어떤 은혜랄까, 신의 부름, 혹은 그 비슷한 어떤 것도 느낄 수 없었다. 성과가 전혀 없진 않았다. 은퇴한 신부님의 강의를 듣고 성경을 읽으며, 수녀님들과 대화를 나누며 하느님과 구도의 길에 관한 많은 내용을 알게 되었다. 성소 모임에서 오가는 대화나 피정지도자의 강의도 어렵지 않게 들었다. 하지만 거기까지가 한계였다. 좌뇌가 열심히 일했을 뿐, 심장은 한결같이 차가웠다. 성경은 마냥 읽을 수 있어서 좋은 역사책에 불과했다. 벽돌처럼 묵직하게 놓인 그 종이뭉치를 볼 때면 고등학교 때 변기에 빠뜨린 《수학의 정석》이 떠올랐다. 말려서 구깃구깃한 채로 가지고 다녔었지. 넘쳐흐르는 기쁨과 믿음을 주체하지 못해 신앙 고백을 털어놓는 어느 수련자의 사례를 읽었을 때 '과장이 심하지 않나'라며 몹쓸 의심을 하기도 했다.

묵상기도는 수연이 가장 즐기는 시간이었다. 사실 그녀는 기도하지 않았다. 기도 중이라는 설정을 보호막 삼아 서늘한 장소에서 눈을 감으면 길고양이 울음소리, 트럭이 지나가는 소리가 아득하게 들린다. 낡은 의자에서 풍기는 나무 냄새가 코의 점막에 와 닿는다. 눈을 닫고 그런 은밀한 감각에 젖어 드는 시간이 좋았다.

처음 한동안은 괜찮았다. 당장은 아니어도 충실한 시간을 보내다 보면 언젠가 신의 부름이 있으리라 낙관했다. 누구의 경험처럼 종소리가 들리고 빛이 쏟아지는 순간이 자신에게도 언제든 올 수 있다고 믿었다. 그래야만 했다. 난생처음 찾은 재능을 올바르게 발휘하기 위해서는 하느님의 부름이라는 증명서가 필요했다. 청원기가 1년에 다다르자 차츰 조바심이 났다. 주변 사람들이 답답해하는 모습도 눈에 들어왔다. 이러한 수연의 고민을 들은 퇴직 신부는 '모든 사람에게 성소가 찾아오지는 않는다'고 말하며 집으로 돌아갈 것을 에둘러 권유하기도 했다. 수연은 1년 동안 단 한 번도 하느님의 은혜에 감격한 모습을 보이지 못했다. 거짓으로 꾸며낼 수도 없는 노릇이었다. 하느님은 아빠와 다르다.

그녀보다 일찍 수도회에 들어와서 이미 성령 충만한 눈물을 삼백 번쯤 쏟아낸 수련생도 있었다. 기도 중에 천상으로부터 울리는 종소리를 들었다는 수련생도 있었다. 부러웠다. 하지만 복음은 매번 수연을 비껴갔다. 어찌 보면 그럴 만도 했다. 수도회 생활에 지나치게 만족한 수연에게 다른 수련생이 품은 간절함이 있을 리 없었다. 하느님으로 자신을 채우겠다든지, 성직자로 역할을 부여받고 싶다든지, 하루빨리 세상에 나아가 봉사하고 싶다든지 하는 여느 수련생의 아름다운 바람이 그녀에게는 딴 세상 얘기 마냥 낯설었다. 어쩜 저리도 열렬할 수 있을까. 알 수 없었다. 위선을 방치한다는 죄책감이 발치에서 싹트더니 그것이 하루하루 조금씩 자라나 마침내 목을 죄는 지경에 이르렀다. 결국, 원점으로 돌아왔다. 바뀐 건 하나도 없었다.

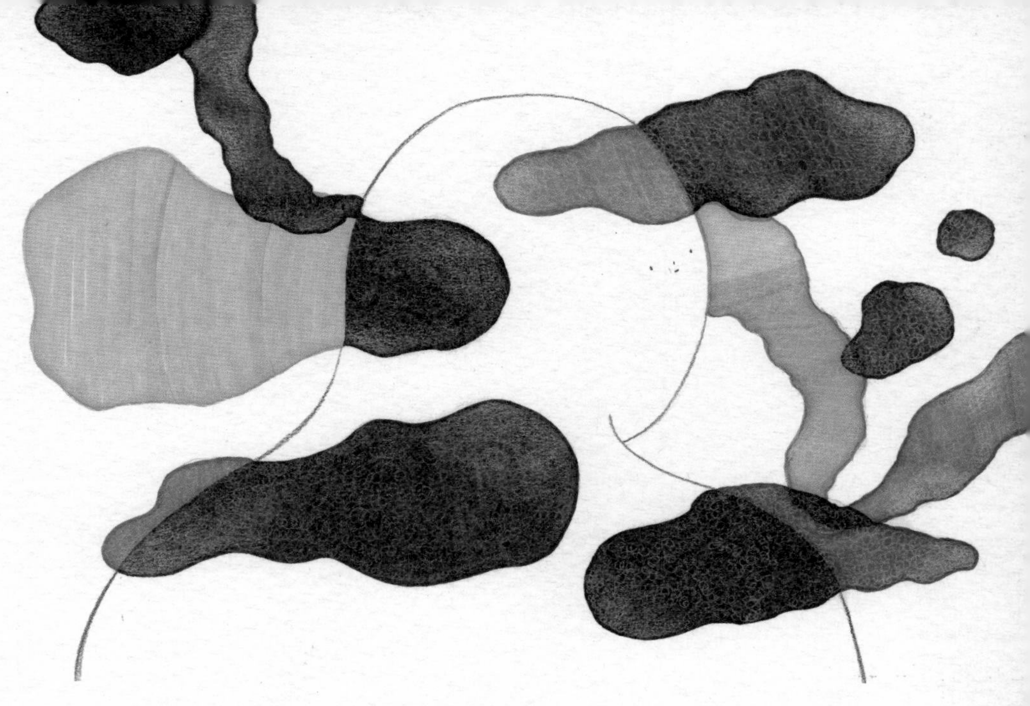

그 무렵 수연은 수도원 밖으로 걸어 나왔다. '무단이탈'이란 단어가 더 어울릴 수도 있지만, 당시 그녀가 수도원을 나서는 모습에서 죄를 짓는 조바심은 찾아볼 수 없었다. 유난히 따뜻한 어느 가을 오후였다. 가시지 않는 답답한 마음을 안고 식당에서 숙소로 향하던 길에 어디선가 나뭇가지 같은 것이 툭 하고 끊어지는 소리를 들었다. 그 소리를 신호로 내딛는 걸음 하나, 흔드는 팔의 움직임 하나가 낯설게 느껴졌다. 전에 없던 이질감을 확인하기 위해 한 발짝 한 발짝 지그시 누르며 걷는 발길이 수도원 정문을 향했다. 외부와의 접촉을 통제한다지만 문을 잠근다든지, 전기 울타리를 설치한다든지 하는 일은 없다. 누구나 맘만 먹으면 문을 통과할 수 있다. 그래서 수연은 걸어 나왔다. 요행히 아무도 그녀의 외출을 목격하지 못한 듯하다. 아니면, 그 모습이 워낙 자연스러워서 대수롭지 않게 생각했을 수도 있다. 맞은편 식당에서 오리 배를 가르고 창자를 꺼내는 광경을 구경하러 가나 보다 했을 것이다. 수연은 오리고깃집에 눈길 한 번 주지 않고 도심 방향으로 향했다. 몇 시간 뒤 맞이할 은밀한 경험은 짐작하지 못한 채.

목적 없이 길 닿는 대로 걸었다. 수도원을 탈출했다는 해방감이나 긴장감은 코딱지만큼도 없었다. 뒤에서 누가 따라와 묻는다면 천연덕스럽게 얼버무리고 다시 돌아가면 그만이었다. 하지만 붙잡는 사람은 없었다. 갈 곳도 없었다. 이왕 걷기 시작했으니 계속 가보기로 했다. 가까워 보였던 도심은 생각 외로 멀었다. 국도변 육중한 가로등을 하나씩 넘겨 짚으며 걷고 또 걸었다. 계속해서 뭔가를 생각했지만, 파편처럼 떠오른 단상은 구체화되는 일 없이 곧장 연소하여 기억에 남지 않았다. 마치 새로운 형식의 묵상기도와도 같았다. 화훼단지와 농기구 소매점을 지나 강 너비에 어울리지 않게 웅장한 다리를 건넜다. 주유소 너머로 변두리 특유의 통속적인 빨간색 간판들이 눈을 찔렀다. 도로 이정표에 대학교로 향하는 길이 표시돼 있었다. 그쪽으로 가지 않았다. 아는 사람을 만나서 나누게 될 안부가 끔찍했다.

제법 걸어서 노을이 질 무렵 시내에 다다랐다. 그곳은 은행, 병원, 통신사 대리점, 프랜차이즈 식당, 그리고 온갖 조잡한 상점이 즐비했다. 겨울마다 오리털 재킷과 더플코트를 사러 들렀던 캐주얼 브랜드 매장, 그리고 그 옆에 패스트푸드점을 지나쳤다. 저기서 입에 쑤셔 넣은 감자튀김이 족히 1톤은 된다. 소금을 많이 뿌려서 좋았다. 많은 자동차와 몇몇 사람이 오직 자신만의 목적지를 향해 어딘가로 이동하는 중이었다. 닭갈비, 베이커리, 생맥줏집이 내뿜은 공기가 자동차 매연과 한데 뒤섞여 시내 특유의 탁한 냄새를 풍겼다. 교복을 입은 학생 한 무리가 지나갔다. 다양한 의지와 욕망을 내세운 온갖 간판에는 세월이 박제한 낡은 분위기가 먼지처럼 쌓여있었다. 살면서 수백 번은 지났을 이 거리를 새삼 되새김질하며 걸었다. 시내를 벗어날 무렵, 해는 보이지 않고 한쪽 하늘에 붉은 구름만 남았다. 잠시 나타났다 사라지는 자잘한 상념에 마음을 맡기고 자율주행 자동차처럼 무의식적으로 걷던 중에 무심코 연립주택이 빼곡한 어느 골목에 접어들었다. 그리고 길을 잃었다.

누구나 언제든 길을 잃을 수 있다. 하지만 20년 동안 손바닥 들여다보듯 살아온 동네라면 얘기가 다르다. 처음에는 길을 잃었다고 인정하지 않았다. 모든 골목을 다 알 수는 없으니까. 몇십 미터만 지나면 다시 방향이 잡히리라 확신했다. 하지만 모퉁이를 돌아도, 다시 돌아도 낯선 풍경은 여전했다. 오기가 생겼는지 이어폰 줄처럼 엉킨 좁은 골목을 고집스럽게 통과했다. 한참을 걸어도 비슷한 곳만 맴돌았다. 그러자 조금씩 조바심이 나기 시작했다. 갈림길이 많은 탓에 시야가 멀리 닿지 못했다. 어떤 시기에 일제히 지어 올렸을 법한 연립주택들이 하나같이 똑같이 생겨서 마치 거울 미로에 들어온 듯 현기증이 났다. 처음 들어온 골목 입구로 돌아가려고 하면 번번이 막다른 골목에 막혔다.

한참을 헤매다 걷기를 멈췄다. 그 상황에서 취할 수 있는 유일한 선택이었다. 종아리가 뻐근한 느낌이 왔다. 3층 연립주택으로 둘러싸인 주변을 둘러봤다. 형광등 불빛이 비치는 창문이 듬성듬성 있었다. 땅 아래로 반쯤 묻힌 방에서 텔레비전 소리가 나지막이 울렸다. 어디선가 그릇 부딪히는 소리도 들렸다. 시멘트 바닥, 전신주, 네모난 벽돌 건물들, 그 옆에 위태위태한 철제 계단들, 복잡한 장식을 새긴 육중한 철문들, 알루미늄 방범 창살. 죄다 흔해빠져서 눈길 둘 곳이 없다. 벽 너머 사람들은 거기에 수연이 서 있다는 사실을 꿈에도 알지 못한다. 수연 또한 그들을 알지 못한다. 벽 너머 사람들은 자신이 속한 장소에서 각자 자신만의 긴밀한 시간을 보내고 있으리라. 하지만 지금 수연에게 그들은 밋밋한 풍경을 이루는 콘크리트 벽과 같은 풍경의 질감 이상이 아니다. 기묘하게 비현실적인 공기가 감돌았다.

'내가 속한 곳이 아니야.'

날 선 공포가 머리부터 척추를 타고 발꿈치로 내려왔다. 식도로부터 묵직한 것이 올라오는 이물감이 느껴지더니 곧 솜뭉치 같이 뻣뻣한 뭔가가 목젖 언저리를 틀어막아서 숨쉬기가 곤란했다. 온몸의 털이 곤두서고 장딴지가 저릿저릿했다. 현기증을 느꼈지만, 그냥 그대로 서 있는 수밖에 도리가 없었다. 주저앉기엔 바닥이 너무 차가웠고, 손을 짚기엔 벽돌 벽이 너무 거칠었다. 완벽히 혼자였다. 살면서 이렇듯 무참히 내동댕이쳐진 적이 있었을까. 이 골목은 평범함을 가장한 황량함으로 그녀의 마음을 침식했다. 이 알 수 없는 곳에서 수연은 그 누구도 될 수 없었다. 그렇다면, 이 장소야말로 기억이 닿는 어린 시절부터 지금까지 줄곧 무의식에 품고 지내온 풍경이다.
여기에 생각이 미치자 공포는 미지의 희열로 변했다. 무지막지한 전율이 차고 올라와 어깨가 떨렸다. 너무 압도적이어서 숨쉬기가 쉽지 않았다. 이러한 완전무결한 고립이야말로 오래도록 방치한 내면의 밑바닥을 끄집어내는 데 필요한 장치가 아니었던가. 자신도 모르는 새 찾아 헤맨 심연의 장소를 그날 그곳에서 숙명적으로 발견한 셈이다. 세상의 끝으로 가는 문이 열렸다. 그 너머 경관은 수연이 감당하기 버거울 정도로 한없이 쓸쓸했다.
얼마나 서 있었는지 알 수 없었다. 십 분? 한 시간? 캄캄했던 시야가 서서히 회복됐다. 벽에 붙은 가스 검침기 숫자가 눈에 들어오면서 조금씩 현실감이 되돌아왔다. 작은 소음에 불과했던 텔레비전 소리가 저녁 뉴스 앵커 말소리로 들렸다. 일본에서 독가스 테러가 발생했다는 내용이었다. 자전거 소리가 났다. 멀리서 호박색 가로등이 점화되더니 이내 밝아졌다. 별인지 아니면 인공위성인지 모를 뭔가가 반짝 빛났다. 발치를 내려다보니 해진 단화가 바닥에 뿌리박혀 있었다. 다리가 움직일까 의심했지만 의외로 선선히 걸음을 뗄 수 있었다. 마땅히 향할 곳이 없으니 서 있던 방향 그대로 나아갈 수밖에. 뾰족한 갈림길이 나와서 왼쪽을 선택했다. 다시 한번 왼쪽으로 모퉁이를 돌았다. 멀지 않은 곳에 익숙한 도로가 보였다.

수도회 사람들은 별말이 없었다. 잠겨있는 철창문을 넘어 들어와 처음 마주친 수녀님은 '저녁은 먹었냐'는 말로 안부를 물었을 뿐, 다른 얘기는 하지 않았다. 아무 일 없었다는 듯 다음 날부터 다시 생활에 합류했다. 겉으로 보기에 그녀는 이전과 다를 게 없었다. 규칙적인 생활로 돌아와 공부와 기도, 노동에 열중했다. 그러나 비슷해 보이는 건 겉모습일 뿐, 외연을 제외하면 그녀는 이전과 완전히 다른 사람이었다.
본격적인 수련기에 들어가기에 앞서 아델로는 자신에게 성소가 있음을 고백했다. 성소를 어떻게 확인했는지는 굳이 밝히지 않았다. 거짓을 지어낼 수는 없었다. 그리고 진실을 말할 엄두도 나질 않았다. '하느님의 사랑'이라든지 '믿음의 충만' 같은 전통적인 표현에 끼워 맞출 수 없는 자신만의 유별난 성소를 백 분의 일도 제대로 표현할 자신이 없었다. 온전히 알리지 못할 바엔 입을 닫는 편이 옳지 않겠는가.
소중한 것은 사라진다. 예외는 없다. 다만 언제 어떻게 잃어버릴지의 문제일 뿐이다. 수연이 잃은 것은 자신의 전부였다. 남겨진 것은 하나같이 초라하고 하찮은 것들뿐이지만, 그녀는 어떻게든 그것들을 모으고 엮어서 살아가야 한다. 비록 차갑고 보잘것없을지라도, 언젠간 그것 또한 잃어야 할 날이 올 것이기에, 지금은 그 차가운 심지를 소중히 끌어안을 것이다. 그녀는 자신이 아닌 모습을 가장하기를 그만뒀다. 굳이 그럴 필요가 없었다. 그날 수도회로 돌아오는 캄캄한 길에서 수연은 세상의 끝으로 통하는 문을 조용히, 굳게 닫았다. 그 육중한 문 너머 황량한 골목에는 그간 자신을 지탱했던 소중한 것들이 남겨져 있다. 그것들은 사라지지 않고 언제나 그곳에 서서 수연을 지켜볼 것이다. 형광등 불빛 어둑한 전신주 아래에서 쓸쓸한 표정을 지으며.

한 단계 나아간 삶을 위해서

뮬라웨어

사진을 찍는 A는 요가 예찬론자다. 매일 아침 요가를 하는 그녀와의 대화에서 단 한 번도 요가 이야기가 빠진 적이 없다. 마케터 B는 퇴근 후 필라테스에 한창 빠져있다. 하루가 다르게 탄탄해지는 자신의 몸을 자랑스러워하는 중이다. 둘은 같은 옷을 입고 각자의 운동을 하며 하루를 시작하고 하루를 마감한다.

에디터 **정혜미** 포토그래퍼 **Hae Ran**

혼자, 둘,
우리

운동을 하는 사람이야 예전부터 많았겠지만, 요즘처럼 운동선수가 아닌 일반인들 사이에서 운동과 건강에 대한 이야기가 활발히 오고 가는 시절이 있었을까. 내 건강에는 도통 관심이 없던 나도 몇 달 전부터 '잘 먹고 잘 살아가는 방법'에 대해서 꽤 자주 이야기한다. 한 해가 넘어가고 새해가 올 때마다 지인들의 대화 주제도 변화한다. 최근 부쩍 논의가 잦아졌다고 생각한 주제가 몇 가지 있는데, 결혼의 필요성, 혼자의 삶, 먹는 것, 건강 같은 것들이다. 나이를 먹어서라기보다, 한 사람이 살아가는 모습과 형태가 다양해지면서 자연스럽게 삶의 질을 높이는 방법도 끊임없이 쏟아져 나오기 때문이다. 우리는 어떻게 해야 더 잘 살 수 있는지 연구하고 고민한다. 단연 중요한 주제는 건강을 위한, 자기 만족을 위한 운동이다.

ⓒ 룰라웨어

몸과 마음의
단장을 위해

요가Yoga라는 단어를 검색하면, 여러 사전의 정의가 나온다. 말은 조금씩 다르지만 요점은 같다. 자세와 호흡을 가다듬어 심신을 단련하는 수련 방법. 본래 요가는 약 5천 년 전부터 자세와 호흡을 가다듬어 정신을 통일하고 순화시키며, 초자연력을 얻고자 행하는 인도 고유의 수행법이다. 하지만 오늘날에는 지친 현대인의 스트레스를 해소시켜 마음을 평온하게 만들어주고, 몸을 치유해주며 심지어 암 예방까지 가능한 새로운 형태의 운동법으로 알려져 있다. 그 종류도 다양하다. 정통에 기반을 둔 요가, 다이어트에 효과적인 핫요가, 요가와 필라테스를 합친 필라요가, 천장에 달린 해먹을 이용한 플라잉요가 등 요가를 기반으로 한 운동의 수만 해도 열 가지가 넘는다. 요가의 효과는 익히 들어 알고 있다. 우선, 몸의 균형을 잡아주고 유연성을 향상시킨다. 그리고 기혈의 순환을 원활하게 하여 노화 방지와 미용에 좋다. 마음을 안정시키고 집중력과 기억력을 증대시킨다. 체내의 독소와 노폐물을 배출시켜 내장 기관을 튼튼하게 해주고 몸의 군살을 없애주고…. 사실 세상의 모든 운동은 다 마찬가지다. 시작해서 나쁠 것은 단 하나도 없다.

수련을 위한
첫 번째

모든 운동에는 맞는 옷이 있다. 체육 시간엔 막 굴러도 좋은 체육복을 입고, 수영할 때는 수영복, 야구에는 야구복이다. 요가나 필라테스에도 맞는 복장이 있다. 처음 요가를 시작했을 때는 원래 가지고 있던 운동복을 입고 스튜디오에 갔다. 그런데 도통 내가 잘하고 있는 건지 알 수 없었고 선생님도 내 동작을 제대로 잡아주지 못했다. 옷 때문이었다. 기본적으로 요가복은 제대로 된 동작을 하고 있는지 알 수 있도록 몸의 라인이 드러나는 옷이 좋으며, 동작에 방해되지 않는 신축성이 좋은 원단이어야 한다. 또 요가와 필라테스 모두 땀을 많이 흘리는 운동이므로 땀 흡수와 배출이 잘돼야 한다. 그래서 최근 요가에 빠져있다는 A에게 추천을 받았다. 뮬라웨어는 다수의 외국 요가복 브랜드 사이에서 확고히 자리를 잡고 있는 국내 브랜드다. 국내뿐만 아니라 중국, 말레이시아, 일본, 미국 등 국외 수출도 활발히 이루어진다. 뮬라웨어는 '몸에 잘 맞는', '딱 맞음'의 의미를 담아 아름다운 라인을 표현하기 위해 꾸준히 소재와 디자인을 연구한다. 뮬라웨어의 연꽃 로고에는 다섯 가지 의미가 담겨있다. 요가와 운동을 통해 얻는 건강, 변화를 두려워하지 않는 도전, 누구에게도 뒤처지지 않는 열정, 고객을 최우선으로 생각하는 소신, 진정 있는 모습을 보여주겠다는 마음이다.

내 몸을 위한
요가복

뮤레이블Murable은 몸에 착 달라붙는 편안함과 완벽한 핏을 구현해내기 위해 국내 전문가들과 뮬라웨어가 함께 개발한 소재다. 요가와 필라테스의 어떤 동작도 옷에 방해받지 않고, 정확한 동작을 위한 집중력을 발휘할 수 있는 편안함, 격한 동작에도 견디는 탄력성, 매일 착용해도 늘어나지 않는 내구성 등을 위해 수많은 시행착오와 투자 끝에 개발된 것이다. 뮤레이블은 최대 합성섬유 생산 기업인 INVISTA의 정품 원사인 서플렉스Supplex 82퍼센트와 신축성이 좋은 원사로 유명한 라이크라Lycra 원사를 혼용하여 만든 프리미엄 원단이다. 다양한 브랜드의 요가복을 많이 입어본 사람은 원단의 차이를 단박에 안다. 뮬라웨어는 요가를 하는 많은 사람들이 즐겨 입는 옷이다. 요가에 빠져있는 A도, 내가 다니던 필라테스 스튜디오의 선생님도 뮬라웨어를 입는다.

© 뮬라웨어

© 뮬라웨어

운동하는 삶, 그리고 뮬라웨어

나디요가 | **조수아**

저는 원래 산업디자인을 전공했는데, 지금은 요가와 더불어 일주일에 세 번은 웨이트트레이닝을 할 정도로 운동에 빠져있어요. 혼자 운동을 하면서 신체적으로 불편하고 부족했던 부분이 개선되고 자연스럽게 정신적인 힘과 여유도 생겼죠. 몸이 아플 때 마음이 행복했던 적이 없고, 마음이 불편할 때 몸이 가벼웠던 적도 없어요. 건강과 마음은 하나라는 걸 운동을 하면서 깨달았죠. 5~6년 전에 뮬라웨어라는 브랜드가 생긴걸 알게 됐어요. 디자인이며 색감, 핏을 보고는 꼭 입어봐야겠다고 생각했죠. 절개선이 들어간 와인색의 8부 팬츠를 입고 수업에 갔었는데, 이슈가 됐었어요. 요가복은 입었을 때 편안한 것이 가장 중요하다고 생각하거든요. 아무리 디자인이 예뻐도 불편하면 안 입게 되잖아요. 뮬라웨어는 편안하면서도 빈틈없이 몸을 잡아주더라고요. 편한 착용감은 좋은 소재에서 오는 것 같은데, 뮬라웨어의 옷은 자주 세탁해도 탄성이 유지되더라고요.

마이요가피티 | **이선아**

요가를 할 때 어깨가 편하게 느껴지는 탑을 선호해요. 뮬라웨어는 디자인과 색감도 물론 예쁘지만, 착용감이 굉장히 좋더라고요. 아무리 예뻐도 입었을 때 불편하면 손이 가지 않거든요. 요가 동작을 할 때도 몸을 꽉 잡아주는 느낌이 들어요. 그러다 보니 제 바디라인이 더 예뻐 보이기도 하고요. 요가 강사를 하게 된지는 5년 정도 되었어요. 그전에는 취미로 요가를 했었는데, 해보니 몸이 엄청 가벼워지더라고요. 요가 동작을 하면서 온전히 제 시간을 갖게 되는데, 그럼 마음도 한결 편안해지면서 건강해지고요. 그래서 수업하는 시간을 제외하고 하루에 한 시간은 꼭 혼자 요가를 해요. 보통 요가 상담을 하러 오시는 분들이 스스로가 너무 뻣뻣하고 유연하지 못하다는 걱정을 안고 오세요. 그런 걱정 말고 우선 운동을 시작하면, 몸은 자연스럽게 따라오게 되어 있어요.

케어필라테스 합정점 | **유경림**

무용을 전공할 때 률라웨어를 알게 되었는데, 그 후로 학교에서 연습복으로 률라웨어를 입었어요. 그때 입었던 률라웨어의 바지가 있는데, 아직까지 입고 있어요. 매일 운동복을 입기 때문에 세탁도 잦고 손빨래를 할 수도 없어요. 그런데도 률라웨어의 옷은 물 빠짐이나 보풀, 늘어남이 한번도 없었어요. 소재가 그만큼 좋다는 뜻이겠죠. 저는 출퇴근 시에도 운동복을 입어요. 왜냐하면 고층빌딩이 아닌 이상 엘리베이터를 이용하지 않고 런지 동작을 하듯이 계단을 오르거든요. 사람이 없을 때는 점프 스쿼트를 하기도 하고요(웃음). 현대무용을 전공했는데, 당시에는 못하는 동작이 있으면 계속 연습했어요. 그런데 필라테스를 하고 나서 내가 왜 '턴'을 못 돌았는지, 왜 '킥'을 제대로 못 찼는지 알게 되더라고요. 필라테스를 하면서 동작이 아니라 기능에 집중하게 되었어요. 기능이 회복됨에 따라 성취감 느껴지는데, 그 성취감이 운동을 지속하게 만드는 것 같아요. 얼마 전, 한 회원 분이 저에게 취미가 뭐냐고 물었어요. 저는 바빠서 취미생활을 못한다고 하니, 그분이 본인도 시간이 있어서가 아니라 만들어서 필라테스를 한다고 했어요. 신경통 약을 먹지 않고도 안 아플 수 있다며 더 빨리 시작하지 못한 것이 후회된다고 하시더라고요. 그 분은 저보다 훨씬 바쁜 대학병원 의사였죠. 시간이 없다는 건 다 핑계라는 생각이 들어 부끄러웠어요. 내 몸보다 소중한 것이 뭐가 있겠어요. 모든 분들이 운동을 통해 삶의 질이 높아지는 것을 경험하게 되었으면 좋겠어요.

뮬라웨어

H. modernica.co.kr

카페뮬라

A. 서울시 강남구 압구정로4길 13-12
T. 02 6104 4541

혼자 있을 거야

내 이름 부르지 마

그 애는 혼자였다. 그림자처럼 조용히 지내는 것을 좋아했고, 혼자만의 시간을 사랑했다. 타인과의 교집합을 가지지 않는 것, 누군가의 특별한 존재가 되지 않는 것, 그래서 지금처럼 그림자의 삶을 유지하는 것. 그것이 아이의 목표기도 했다. 소녀는 언제나 속으로 생각했다. '내 이름 부르지 마!'

에디터 **이자연** 일러스트 **재유노나카**

나는 지금의 내가 좋아. 혼자 있는 내 모습이 무척 마음에 들어. 다른 사람이랑 얘기하거나 그 사람들의 기분이나 상태를 걱정하지 않아도 되거든. 나는 그림자야. 그림자의 삶이란 아주 근사하지. 진정한 자유의 형태야말로 그림자 생활이지 않겠어? 누구에게도 눈에 띄지 않으니까 쓸데없는 곳에서 시간을 허비할 필요도 없어서 내가 하고 싶은 것만 주야장천 하며 지낼 수 있어. 그래서 어제는 그림을 열 개나 그렸어! 가장 좋아하는 음식은 어떻고? 맛있는 솜사탕이나 케이크도 혼자 독차지해서 먹을 수 있는 걸. 외롭지 않냐고? 아니야, 나는 외롭지 않아. 퍼즐 맞추기 신기록도 혼자 하면 엄청 신나. 이래 봬도 나는 그림자처럼 조용히 살아가는 방법을 아주 잘 알고 있어. 누군가 질문하면 아주 작은 목소리로 대답하면 돼. 그럼 답답해서 돌아가. 눈이라도 마주치면 눈에 힘을 줘서 사팔뜨기를 하면 자기를 보고 있는지 잘 모르더라고. 그럼 말을 안 걸어. 이렇게 해야만 혼자의 시간을 지켜낼 수 있어. 학교 쉬는 시간도, 수업 시간도 어떤 일 없이 훌훌 지나가게 한다면 그날의 미션은 완수한 거나 다름없어. 나는 나중에 커서 더 큰 그림자가 될 거야. 그래서 나무 그늘 안에 들어가고, 건물 틈에 들어가서 눈에 보이지 않는 거대한 그림자가 되고 싶어. 아무도 내가 그곳에 있었는지도 모르게 말이야. 아이, 외롭지 않다니까 왜 자꾸 그걸 물어보는 거야?

저 사람들을 좀 봐. 저기 저렇게 바글바글 모여있는 게 행복해 보여? 사람들과 함께 있다고 행복한 거야? 아닐 걸. 저 애들은 다른 친구와 함께 있는 게 힘들어서 마음속으로 투덜대고 있을 거야. 남의 눈치를 보느라 자유로운 선택도 하지 못한 채, 조마조마하면서 혹시 미움받지는 않을까 힘들어하고 있을 거라고. 그리고 저 무리 속 애들 마음도 항상 균등하지는 않아. 누구는 좋아하는 마음을 덜 받고, 또 누구는 불쾌한 마음을 꾹 참고 억누르고. 거짓된 세상의 모습을 아주 잘 보여주고 있다고 생각해. 이렇게 남들과 함께 지내서 얻을 수 있는 게 뭐야? 이제 알겠어? 나는 외롭지 않아. 내가 외로운 게 아니라 저들이 불편한 거라고. 아마 저 애들은 가고 싶지 않은 친구의 생일 파티에 억지로 가게 되고, 슬프지도 않은데 다른 친구의 슬픔을 공감하는 척하면서 마음 낭비를 하게 될 거야. 혹시라도 그들이 웃고 행복해 보인다면, 그건 전부 거짓말이라고 생각하면 돼. 그냥 좋은 게 좋은 거라고 조용히 다독이면서 지내는 거겠지. 보기만 해도 불편하다, 불편해. 내가 꼬인 거라고? 아니야. 내가 꼬인 게 아니라, 저들이 힘들지 않은 척하면서 지내는 거라니까? 목구멍이 포도청이라고 친구가 한 명이라도 더 많으면 행복할 줄 아는 거야. 그게 말이 된다고 생각하니. 절대 아니야. 신경 쓸 고민거리만 늘어나는 거라고.

"정민아."

뭐야? 지금 누구야? 누가 내 이름을 부른 거야? 정말 난 말이지, 이런 기분이 싫어. 내 이름을 누군가 부르고 어떤 말을 할지 알 수 없는 이 작은 틈. 정말 이 틈이 싫단 말이야. 난 정말 도망치고 싶어. 왜 내 이름을 부르는 거야? 나를 가만히 내버려 두란 말이야. 나는 혼자 있고 싶어. 나는 아무와도 함께하고 싶지 않아. 나하고만 얘기하는 게 충분히 재미있어. 제발 나에게 다가오지 마. 나는 그 누구와도 이야기를 하고 싶지도, 관심을 받고 싶지도 않아. 내 눈을 쳐다보지 말아줘. 얼굴이 점점 빨개지는 게 느껴져. 정말 싫다. 누군가의 목소리가 나를 끌어당기는 이 느낌. 자기들의 눈빛으로 내 고개를 멈추게 하는 힘. 이 길고 긴 시간이 정말 부담스러워. 힘들고 고통스러워. 나는 혼자가 좋아. 나는 혼자가 편해. 나는 혼자가 좋아. 나는 혼자가 편해. 오지 마. 이곳으로 다가오지 마. 제발 멈춰. 발걸음을 멈춰줘. 나는 혼자가 좋아. 나는 혼자가 편해. 나는 혼자가 좋아. 나는 혼자가 편해. 내 마음의 소리가 저 바깥으로 뻗어 나갔으면 좋겠어. 나는 혼자가 좋아. 나는 혼자가 편해. 나는 혼자가 좋아. 나는 혼자가 편해.

정민이에게

정민아, 안녕? 이번 주 토요일에 내 생일 파티를 열 거야.
놀러 오지 않을래? 난 네 이름이 정말 좋아. 그럼 꼭 와줘. 안녕.

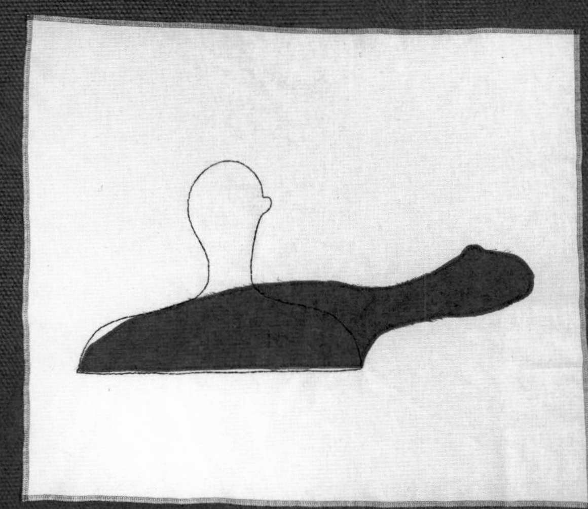

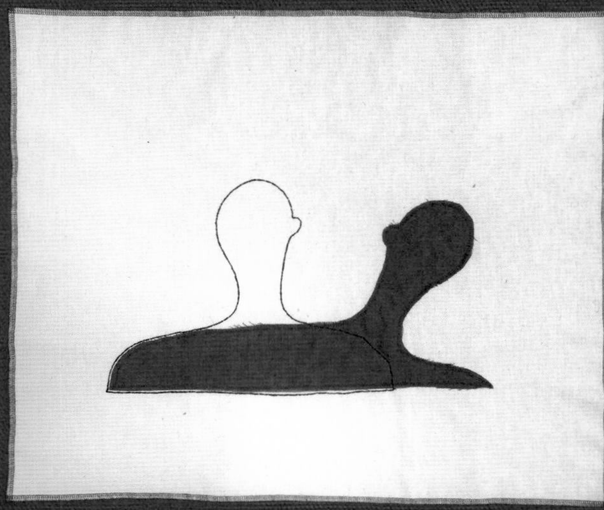

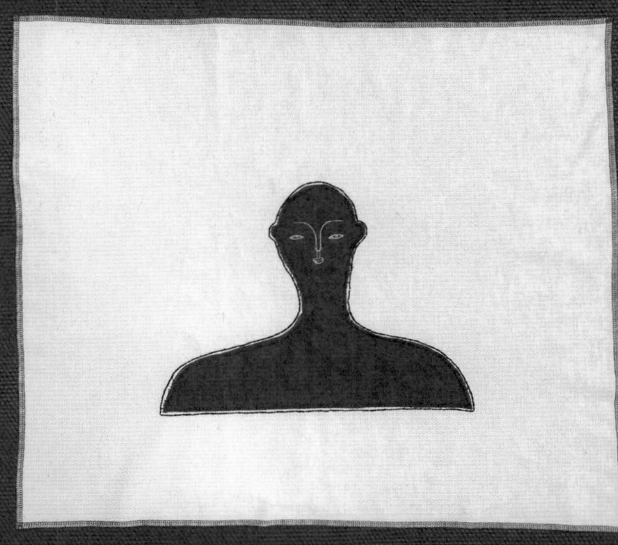

H. instagram.com/jaeyoononaka

즐거운 힘겨루기

당신의 혼자력 레벨은

혼밥, 혼술, 혼여(여행), 혼쇼(쇼핑), 혼영(영화 관람) 등 혼자 하는 일이 급부상하기 시작했다. 1인 가구의 증가와 더불어 '혼자'를 즐기고 사랑하는 사람들이 늘어났고, 하나의 유행처럼 사람들 사이로 번져나가기 시작했다. 혼자여도 거뜬하고 충분히 즐거운 사람들의 레벨 측정기를 공개한다.

에디터·포토그래퍼 **이자연**

혼자력 유형 테스트

YES →
NO ⋯→

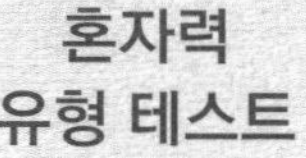

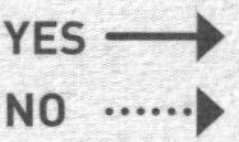

〈나 홀로 집에〉 케빈이 심심해 보이지 않는다.
〈캐스트 어웨이〉를 보면서 외로웠다.
〈부산행〉처럼 혼자 생존하는 상상은 늘 두렵다.
나는 〈겨울왕국〉의 '엘사'를 보고 나의 도플갱어인 줄 알았다.
내가 〈김씨표류기〉처럼 혼자 섬에 살게 되면 즐거워서 벌써 춤췄다.
〈토이스토리〉보다 〈원령 공주〉가 더 좋다.
영화 〈그녀〉에서 OS와 사랑에 빠지는 게 잘 공감되지 않는다.
영화는 많은 사람들과 봐야 제 맛이다.
〈고독한 미식가〉를 보면 맛있는 걸 혼자 독식하는 게 부럽다.
나의 〈인사이드 아웃〉에는 외로움이 사는 것 같다.
〈월-E〉를 보며 거뜬히 살아갈 내 모습이 선했다.
〈짱구는 못 말려〉보다 〈명탐정 코난〉이 더 재미있다.
당신은 '라푼젤'형
당신은 '브라이스'형
당신은 '쉘든'형
당신은 '미자'형

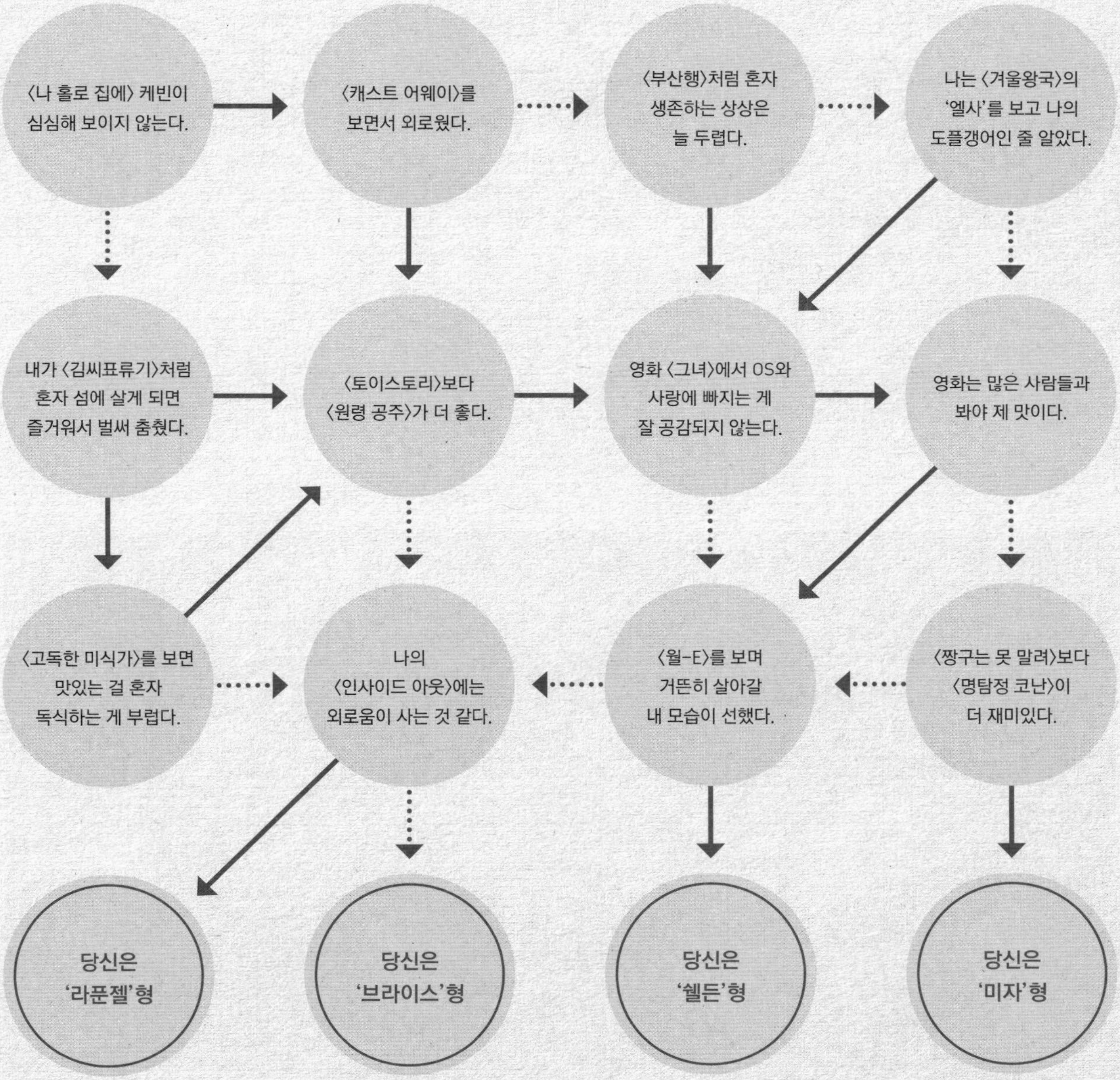

당신은 아직 혼자인 게 어려운 **'라푼젤'형**

영화 〈라푼젤〉의 주인공 '라푼젤'은 마녀의 꾐에 속아 오랜 시간 성에 갇혀 지냈다. 자신을 엄마라고 속인 마녀에게 들은 바로는 바깥세상은 위험과 공포가 곳곳에 깔린 불지옥이고 악의 구렁텅이다. 그녀에게 허락된 것이라고는 성의 작은 창문 하나뿐. 이것이야말로 그녀가 세상과 교감하는 유일한 수단이고 창구인 것이다. 드넓은 바깥세상에서 벌어지는 모든 일이 궁금하지만, 혼자를 벗어나는 일은 여전히 영 어렵다. 충동적으로 성 밖을 나가고 나서도, 혼자가 어색한 그녀는 자신에게 이래도 되는지 계속해서 묻고, 고민하고, 괴로워한다. 혼자인 것이 아직은 낯선 당신은 라푼젤처럼 고민과 생각이 많다. 사람들 틈바구니 속에 있는 게 훨씬 마음 편하기도 하고, 굳이 혼자여야 할 필요성이 와 닿지 않기 때문이다. 하지만 혼자력은 누구에게나 필요하다. 타인과의 경계를 쌓고 고립되어야 한다는 의미가 아니다. 나이 드는 일은 결국 혼자 해나갈 일의 연속이라는 누군가의 말처럼, 언젠가는 어떤 형태로든 혼자가 되는 경험이 주어지기 때문이다. 그런 순간이 왔을 때 혼자의 경험이 텅 비어있다면, 아마 몹시 당혹스러울 것이다. 혼자와 동행의 불균형을 조금만 돌이켜 보는 것은 어떨까. 내일과 모레의 일로 더 이상 미룰 수는 없는 일이다. 하지만 잊으면 안 된다. 라푼젤이 처음 성 밖에 나와 흙과 풀을 밟고 나무타기를 할 때 세상 행복한 표정을 지었던 장면을. 새로운 경험은 새로운 시선의 확장으로 이루어지니, 과업이 아닌 하나의 경험으로 받아들이는 것도 좋다. 이런 유형의 사람들은 영화 〈악마는 프라다를 입는다〉에 등장하는, 주인공 '앤디'의 상사 '나이젤' 같은 사람과 어울리는 게 좋다. 자신이 좋아하는 바가 확고했던 그는 앤디에게 다정한 충고와 조언을 아낌없이 전하기도 했다. 잡지사에 적응하는 게 힘들었던 앤디에게 협찬품을 빌려주는 통 큰 도움을 주기까지. 라푼젤 주변에 나이젤 같은 사람이 있었더라면 의문과 두려움을 조금은 덜어 놓고 밖으로 나갈 수 있지 않았을까.

혼자력 25퍼센트,
당신에게 추천해요

나이젤 같은 사람, 무작정
예매한 영화표나 기차표,
동네 주변의 조용한 식당
(한적한 곳부터 시작해보세요)

혼자 할 수 있다고?
반신반의한
'브라이스'형

영화 〈플립〉의 주인공 '줄리'는 언제나 자신의 신념과 의사가 확실하다. '브라이스'를 처음 봤을 때 그가 마음에 들어 먼저 손을 잡은 것도 그녀였고, 반 아이들의 시선은 아랑곳하지 않고 브라이스에게 애정을 표하는 것도 그녀다. 언제나 자신의 관심사와 흥미에 집중할 줄 알아서 과학 실험 박람회에 참가해서 '병아리 부화' 실험으로 많은 호평을 받기도 했다. 그뿐만 아니라 그녀가 오랜 시간 사랑한 나무를 베어버린다는 소식을 접하고는 나무를 타고 올라가 고공농성(?)을 벌이는 것도 불사하지 않았다. 언제나 브라이스는 그녀를 바라보면서 이상하다고 생각했다. 브라이스는 자신이 진정 좋아하는 것이 무엇인지 잘 몰랐고, 타인의 평가와 시선을 신경 쓰기 바빴기 때문이다. 으레 사춘기 아이들이 그렇듯 말이다. 하지만 점차 줄리와 관계가 비틀어지고 멀어지기 시작하면서 자신이 줄리에게 어떤 실수를 했는지, 자신이 그녀를 이해하는 방식이 잘못되었다는 것을 알아간다. 줄리를 통해서 진짜 자신의 목소리에 집중하는 방법을 깨닫게 되는 것이다. 자기가 원하는 것이라면 그게 누구와 함께이든 혹은 혼자든, 환경이 어떻든 전혀 신경 쓰지 않는 것이 얼마나 큰 용기이고 근사한 일인지 가늠하면서 말이다. 그렇다고 브라이스가 남을 신경 쓰느라 아무것도 하지 못한 유약한 인간이라고 말할 수는 없다. 왜냐하면 많은 사람들이 타인의 시선과 평가에서 완전히 자유로울 수 없고, 모두 조금씩 브라이스의 모습을 품고 있기 때문이다. 이야기 끝에 그는 결국 줄리를 통해 혼자 판단하고 스스로 결정을 내리는 방식을 이해하게 된다. 혼자 하는 것이 정말 즐거운 걸까, 친구가 없고 함께할 사람이 없는 사람들의 변명은 아닐까, 하지만 나도 혼자 무언가를 해보고 싶은데. 이런 수순의 내적 갈등이 벌어지고 있다면, 그냥 한 가지만 생각하면 된다. '아무것도 아니다.' 그렇다. 혼자인 게 정말 즐겁냐고? 썩 즐겁지도 않지만, 생각만큼 외롭지도 않다. 그러니 이건 말 그대로, 아무것도 아니다.

혼자력 50퍼센트,
당신에게 추천해요

혼자 여행을 떠나 게스트하우스에 머물기(생각보다 많은 사람들이 혼자 여행을 즐기고 있답니다), 《데미안》 읽기(알에서 나가볼까요?)

© Flipped

혼자가 별 건가?
'쉘든'형

미국 드라마 〈빅뱅이론〉에서 오로지 자기만 아는 천재 과학자 '쉘든'은 타인과의 경계가 마음 편한 인물이다. "밖에 나가자, 쉘든. 사람들은 보통 바깥에서 활기차게 생활한다고."라는 친구의 말에 "그렇다면 왜 인류가 몇 세기 동안 집 바깥보다 집 안을 꾸미는 데 그 많은 시간과 노력을 들인 건데?"라고 응수하기까지 한다. 사실 쉘든은 독립적인 인물이라기보다는 사회성이 부족한 경우에 속한다. 그런 그가 '혼자력 75퍼센트 인물 유형'으로 등장한 이유는, 혼자력을 단단히 가지고 있으면서도 시간이 흐를수록 점차 타인과의 동행을 선호하는 모습도 보여주기 때문이다. 연구실 친구들인 '레너드', '하워드', '라제쉬'와 함께 피자 나잇, 코믹 나잇, 게임 파티 등을 즐기길 좋아하고, 그들이 약속을 어기면 실망하며 투정 부리고 고집 피우는 모습도 보인다. 강력하게 혼자 있고 싶어 하지만, 타인과 함께하는 행사나 기념일 등을 챙기는 성향을 보면 그는 대략 75퍼센트 정도의 독립심을 띠고 있다. 〈빅뱅이론〉이 바보 같은 네 친구의 에피소드를 모은 시리즈지만, 쉘든의 성장기처럼 느껴지는 이유가 바로 여기서 비롯한다. 쉘든을 통해서 혼자가 되는 것에 어떠한 의미를 두지 않는 자세를 배울 수 있다. 혼자여도 슬프지 않고, 누군가와 함께여도 유별나게 기뻐하지 않는 태세가 관계 맺음과 고독의 자유에 놓인 경계를 건강하게 유지시키기 때문이다. 이런 유형의 사람들에게는 혼자 요리하는 걸 권한다. 요리야말로 먹을 사람을 생각하며 정성과 시간을 할애하는 작업이다. 그리고 그 대상이 자신이 된다면, 오로지 자신을 위한 선물이 되는 셈이다. 1인 가구 증가와 더불어 배달 음식과 외식 소비가 더 늘어났는데, 혼자 있다고 대충 먹거나 거르는 것보다는 자신만을 위한 식사 시간을 만들어 가는 것이 좋다. 무엇보다 자기만의 취미 생활을 정립하면서 더욱 행복한 혼자 생활을 유지할 수 있게 된다.

혼자력 75퍼센트,
당신에게 추천해요

누군가 했던 말이 생각나요.
문득 혼자 있는 게 두렵다면
공포 영화를 보래요. 그럼
그때부터 더 이상 혼자
있는 것 같지 않다고….

혼자라도 뭐든지 다 할 수 있어, **'미자'형**

영화 〈옥자〉의 주인공 '미자'는 거대한 돼지 '옥자'의 친구다. 하루 종일 모든 것을 함께 나누고 경험하면서 정서적인 교감이 아주 깊다. 또래 친구 하나 없는 깊은 산골짜기에 살면서도 외롭지 않고 심심하지 않은 이유이기도 하다. 미자에게 옥자는 '유일하다'는 단어의 의미를 깊게 새겨준 존재였을 거다. 그런 미자에게 큰 재앙이 찾아온다. 미란도 회사에서 옥자를 데려가겠다고 선언한 것이다. 알고 보니 옥자는 애초부터 식용 돼지로 키워져 사람들의 밥상 위로 오를 운명이었다. 이름을 붙이는 건 그 대상에게 인격을 부여하는 것과 마찬가지라는 얘기가 있다. 가장 사랑하는 친구와의 강제적인 이별을 이해할 수 없는 미자는 옥자를 찾기 위해 모든 것을 불사른다. 온몸이 상처투성이가 되고, 말이 통하지 않는 사람들과 사투를 벌이더라도 그녀는 자신의 결단력을 저버리지 않았다. 혼자서 많은 것을 결정하고 판단하면서 미자는 자기만의 길을 만들었다. 옆에 누가 있든 없든 그런 사실은 중요하지 않다. 결심을 행동으로 움직이는 것, 그것에만 집중하기 때문이다. 미자가 세상을 수용하는 방식을 보면 그 중심에 철저히 자신을 두었다. 다른 것에 흔들리지 않고, 타인의 시선이나 평가를 신경 쓰지 않는다. 주변을 둘러보면 자신의 목적을 성취하기 위해서 현상과 문제의 본질에만 온전히 눈을 두는 사람들이 있다. 이런 유형의 경우, 영화 〈슬픔보다 더 슬픈 이야기〉의 '케이' 같은 사람을 곁에 두는 게 좋다. 케이는 오랜 친구인 크림의 감정과 상황을 늘 걱정하고 배려했다. 자신의 판단만이 옳다고 믿어버리면 방향을 잃더라도 깨닫지 못할 수도 있다. 이럴 때 다정하고 따뜻한 목소리로 안부와 근황을 물어봐 주는 케이가 있다면, 긍정적인 지지로 조금 더 나은 결과를 얻을 수 있을 것이다. 〈겨울왕국〉에서 독립적인 '엘사'가 결국 성 문을 닫게 되듯, 자칫하면 바깥의 소리를 거부하게 될지도 모르니 말이다.

혼자력 100퍼센트, 당신에게 추천해요

따뜻한 홍차, 일기장, 케이 같은 사람, 독서 모임

힘겨루기
대결 시작

Lv.1

나 홀로 편의점 식사

싱어송라이터 박하디

저는 사실 혼밥을 잘 못해요. 혼자 먹느니 굶어버리는 걸 선택하죠. 혼자 먹으면 왠지 외롭고 또 맛이 없잖아요. 함께 식사하는 사람들이랑 맛이 어떤지 호들갑 떨면서 이야기도 나누고, 사진도 정성 들여 잘 찍어 놓아야 더 맛있는 것 같거든요. 음식이란 게 나누는 의미가 크잖아요. 청 급하면 종종 편의점을 이용해요. 그것도 사람들이 많거나, 편의점이 너무 작아서 간이 식탁과 점원의 거리가 너무 가까우면 그냥 나와 버리기도 하죠. 솔직하게 말하면 아무 데나 들어가서 먹고 싶은 음식을 잘 먹고 다니는 사람들이 종종 부럽기도 해요. 언젠가 저도 혼자력 레벨을 튼튼하게 키워서 맛있는 고깃집에 혼자 가고 싶어요. 편의점 추천을 하자면, GS편의점이 PB상품이 제일 괜찮은 것 같아요. 요즘에는 대게딱지장이 들어간 삼각김밥이 새롭게 출시되었는데 맛이 좋더라고요. 강력 추천합니다!

Lv.2

혼자 영화 관람

일러스트레이터 릿다

영화는 여럿이 보러 가는 것보다 혼자서 보러 가는 걸 좋아해요. 거의 대부분 혼자 봐요. 고등학생이었던 2005년 즈음부터 혼자 보기 시작했는데, 당시엔 영화를 혼자 보는 사람이 많지는 않았어요. 아마 있었을 텐데 제가 발견하지 못한 거겠죠. 영화의 여운을 혼자 곱씹고 돌이켜 생각해 보는 일이 영화 관람의 한 부분이라고 생각하거든요. 이 의식이 방해받으면 무척 힘들어요. 다른 사람들도 영화 보느라 바쁘기 때문에 제가 혼자 왔는지 아니면 백 명이랑 몰려 왔는지 아무도 관심이 없어요. 개인적으로 혼자 밥 먹는 것보다 영화 보는 게 더 쉬운 레벨이라고 생각했던 터라 조금 의외처럼 보이기도 했어요. 자리 선정이 정말 중요하다는 것 아시죠? 혼자면 사이사이 껴서 원하는 자리를 고를 수 있는 선택 폭이 아주 넓어요. 최고죠?

Lv.3

홀로 여행

파티쉐 이보나

여행은 무조건 혼자예요. 저는 여행 가기로 결정하고 계획할 때, 동행자에 대한 생각을 애초부터 하지 않아요. 혼자가 편하거든요. 여행이라는 게 제 시간을 쪼개서 가는 거라 저에게 굉장히 소중한 거잖아요. 되돌아 와서 기억을 다시 만들 수도 없고요. 같이 간 사람을 신경 쓰고 관계를 고민하면서 여행을 채우고 싶지 않아요. 물론 이건 저만의 생각일 뿐이에요. 제 성향이 이렇다고 해서 다른 사람들이 타인과 동행하는 여행을 부정적으로 여기거나 잘못된 선택이라고 생각하지 않거든요. 사랑하는 사람과 여행지에서 좋은 것을 함께 나누고 기억하는 건 어쨌건 행복한 일이니까요. 저 또한 가끔은 여행을 떠나서 누구랑 같이 이곳에 왔으면 얼마나 좋았을까, 생각이 들기도 하고요. 물론 당분간 지금의 생각이 바뀌지는 않을 것 같지만요. 나 홀로 여행이 외롭지 않느냐는 질문을 많이 받아요. 하지만 혼자 떠나야만 보이고 느껴지는 것들이 있어요. 제가 팁을 하나 드릴까요? 여행지를 정해서 그곳과 잘 어울리는 영화나 혹은 노래를 선정해 가세요. 그러면 그 여행은 그것으로 기억에 남거든요. 자기만의 기억을 만들다 보면, 혼자가 전혀 신경 쓰이지 않아요.

Lv.4

혼자 음주

텍스처 디자이너 서민경

일을 마치고 집으로 돌아가는 길에 술 한잔 하는 게 제 낙이에요. 좋아하는 펍에 가서 그날의 기분과 어울리는 안주랑 맥주를 골라서 시간을 보내면 한적해서 좋아요. 물론 친구들이나 직장 동료들이랑 함께하는 자리도 좋아요. 하지만 혼자 술을 마실 때 좋은 점은 적당히 내가 원하는 만큼 취할 수 있고, 알딸딸한 상태에서 자기만의 생각을 꾸려나갈 수 있거든요. 대신 집에서는 술 마시는 걸 피해요. 집에서 흐트러지는 건 왠지 싫거든요. 그럼 한도 끝도 없이 마시게 되기도 하고요. 적당한 선에서 저만의 시간을 갖는 거예요. 가장 좋아하는 조합은 치킨 윙이랑 호가든을 마시는 거예요. 윙의 바삭함과 짭조름한 맛이 호가든의 시원한 맛과 잘 어울리거든요. 아니면 아사히도 좋아요! 술집에 혼자 가는 게 어때서요. 내가 번 돈으로 마시겠다는데 뭐(웃음).

Lv.5

혼자 록 페스티벌

모델 김지훈

처음으로 록 페스티벌을 갔을 땐 친구들이랑 갔어요. 사람들과 함께 가면 맛있는 음식도 더 많이 먹을 수 있고, 이야기도 많이 할 수 있어서 좋거든요. 와인 같은 것도 혼자 마시면 너무 많은데 나눠 마시면 적당하고요. 그러다가 한번은 꼭 가고 싶은 페스티벌이 있는데 같이 갈 사람이 아무도 없는 거예요. 다들 바빠서 그날 약속 잡기가 쉽지 않았던 거죠. 그렇지만 그 공연을 놓치고 싶지는 않았어요. 제가 정말 좋아하는 이승환 씨가 나온다고 했거든요. 그때 처음으로 록 페스티벌에 혼자 가게 됐죠. 처음에는 어색하고 조금 후회도 했는데 점점 있다 보니 아무도 신경 쓰지 않고 각자의 시간을 즐기고 있더라고요. 돗자리를 펼치면 딱 저에게 주어진 유일한 공간이 되는 것도 좋았어요. 누워서 낮잠도 자고, 잔잔한 노래에 맞춰 책도 조금 읽다가 좋아하는 가수가 나오면 춤도 추고 노래도 따라 불러요. 부끄럽지 않냐고요? 공연은 결국 같은 관심사와 취향을 가진 사람들이 모인 자리잖아요. 그래서 서로 간의 경계도 벽도 모두 허물어진 상태여서 더 혼자 잘 갈 수 있던 것 같아요.

Lv.6

끝판왕! 나 홀로 놀이공원

에디터 이자연

작년 여름에 LA로 여행을 떠났어요. 혼자 떠나는 것을 좋아하는 편이라 그곳에서도 혼자였죠. 그런데 문제는 디즈니랜드에 무척 가고 싶었다는 점이에요. 유년기와 청소년기를 함께 한 공주님들을 직접 보고, 전세계적으로 유명한 불꽃놀이도 보고 싶었어요. 같이 갈 사람이 딱히 없었지만 그게 큰 걸림돌은 되지 않았어요. 그래서 바로 디즈니랜드로 떠났죠. 놀이기구도 마음껏 타고, 맛있는 치킨 세트도 먹고, 퍼레이드와 불꽃놀이도 보면서 어찌나 행복했는지 몰라요. 심지어 싱글라이더Single rider를 위한 줄이 따로 있어서 다른 사람들보다 더 빨리 입장할 수 있었어요. '스타워즈' 관에서는 삐리삐리 배경음이 나는데 앞사람이 저를 보고 춤을 추는 거예요. 그래서 저도 지지 않고 로봇 춤을 추었죠. 아침부터 밤까지 꽉 채운 하루를 보내면서 전혀 지루하지 않았어요. 혼자 떠나는 놀이공원, 생각보다 괜찮죠?

당신도 혼자인 게 **마음에 들 거예요**

이건 혼자 시간을 잘 보낸다는 게 긍정적이고, 함께 있는 걸 선호하는 게 부정적이라는 의미는 아니다. 각자 나름의 성향과 선택에 따라 달라질 뿐이다. 다만 혼자 무언가를 할 수 있으면 누릴 수 있는 폭이 조금 더 자유로워진다. 혼자력을 키우고 싶지만 선뜻 무엇부터 해야 할지 모르는 이들을 위한 활동을 모았다.

카약

물 위에서 시간을 보내는 일은 언제나 즐겁다. '카약'은 1인이 쏙 들어갈 수 있는 소형 배로, 한강 위에서 맑은 하늘을, 고즈넉하게 지는 해의 모습을 그대로 느낄 수 있다. 많은 사람들이 다같이 참여하면서도 각자의 배 위에서 시간을 보낸다. 말 그대로, '따로 또 같이'의 의미가 담긴 활동이다.

카약피플
A. 서울시 영등포구 양평로20길 20 **T.** 02 6406 2468 **O.** 평일 10:00-20:00, 화요일 휴무

만화방

만화를 읽다 보면 상상 속 세계를 구체적으로 만들어 나가게 된다. 그곳은 테니스로 결투를 벌이기도 하고, 마법의 세계이기도 하다가, 꽃미남이 가득한 학교이기도 하다. 만화방에서 혼자 시간을 보내다 보면 생각보다 혼자인 것이 어렵지 않다는 것을 알게 된다. 간식과 함께 하는 것도 좋다.

즐거운 작당
A. 서울시 마포구 독막로7길 23 **T.** 02 336 9086 **O.** 매일 11:00-23:00

템플스테이

자신의 내면의 소리에 귀 기울이는 것은 언제나 중요하다. 자기가 진정으로 원하는 것이 무언지를 돌이켜 보고 앞으로 나아갈 방향을 확인하게 해 주기 때문이다. 템플스테이를 찾으면 나 홀로의 시간을 가지면서 더 멀리, 더 깊이 바라볼 수 있다. 현재 처한 상황이 복잡해서 힘들다면, 마음을 정갈하게 하기 위해 찾는 것도 좋다.

길상사
A. 서울시 성북구 선잠로5길 68 **T.** 02 3672 5945 **O.** 매월 셋째, 넷째 주 주말 1박 2일

볼링

몸을 움직이다 보면 긍정적인 생각이 샘솟는다. 볼링은 급하게 서두르지 않고, 근육을 모두 쓸 수 있는 운동이다. 볼링장 레일을 한 곳만 쓸 것을 요청하면 혼자서 볼링을 연습할 수 있다. 신나는 노래와 함께 볼링을 치며 유쾌한 시간을 보내면 혼자가 결코 지루하지 않다는 것을 알 수 있다.

태화볼링장
A. 서울시 마포구 와우산로 111 **T.** 02 3142 3347 **O.** 평일 11:00-05:00, 주말 11:00-06:00

나 홀로 지구에

화면 속 홀로 남은 사람들

다 나가줘, 나 혼자 있고 싶어. 가끔은 온 세상을 향해 그렇게 외치고 싶다. 우리 별은 너무 시끄럽고 번잡하다. 입 달린 모든 것, 느끼고 판단하고 표현하는 모든 존재가 사라져줬음 좋겠다. 완전한 자유란 그럴 때나 가능한 거겠지. 영화에선 가끔 그런 상황이 벌어진다. 하지만 나는 스크린 저편 캐릭터가 아니라 이 세계의 인간으로 태어나버린 데다 대량살상무기를 개발할 능력과 의지가 먼지 한 톨만큼도 없기 때문에 이따금 고립무원에 빠진 2D 인간들을 보며 상상을 해볼 뿐이다.

글 **이숙명** 사진 **김혜원**

어느 날
혼자 남아버렸다

© 더 라스트맨 온 어스

미국 드라마 〈더 라스트 맨 온 어스〉(2015~)는 말 그대로 지구에 마지막 남은(줄 알았던) 남자 이야기다. 때는 2020년. 잠에서 깬 주인공 '필'은 감염성 바이러스로 인류가 모두 죽었다는 걸 깨닫는다. 그는 다른 생존자를 찾기 위해 미국 전역을 돌아다닌다. 술이 가득 찬 욕조에서 목욕을 하고, 백악관에서 살아보고, 〈캐스트 어웨이〉(2001)의 윌슨 같은 공 친구들을 잔뜩 만들고, 아무 상점이나 자유롭게 드나든다.

© 조용한 지구

하루아침에 지구 유일의 인간이 된 주인공은 또 있다. 영화 〈조용한 지구〉(1985)의 '잭'은 자신이 직접 참여한 과학 프로젝트 때문에 인류가 멸망한 걸 알게 된다. 그는 평소 꿈도 못 꾸던 호화로운 생활을 하고, 기차를 몰아보고, 여자 속옷도 입어보고, 신이라도 된 양 큰소리를 쳐본다. 하지만 뉴질랜드인 잭은 미국인 필처럼 낙천적이지 않다. 그는 희열과 좌절 사이를 미친놈처럼 오간다. 하기야, 워낙에 인간 조금과 양떼밖에 없는 섬나라에서 뭘 바라겠나. 외로워서 죽을 맛이겠지.

다행히 한반도에 사는 우리는 〈나는 전설이다〉(2007)의 '로버트'처럼 집 밖에 좀비가 득실대는 상황만 아니면 혼자라도 얼마든지 재밌게 지낼 수 있다.

© 나는 전설이다

역사의 마지막 증언자가
봐두어야 할 것

© 매드맥스

내일 아침 눈을 떴을 때 온 세상 인간들이 사라져버린다면, 나는 우선 강남에 가서 쇼핑을 좀 할 것이다. 〈매드맥스〉(2015)의 '퓨리오사'나 '블랙' 뮤비의 이효리 같은 디스토피아 속 여전사 이미지를 위해 바퀴가 집채만 한 엔진을 한 대 구하리라. 레인지로버나 허머 같은 것. 돌아오는 길에 백화점에 들러 식료품을 싹쓸이하고, 내가 아는 가장 집요한 저장강박증 환자이자 영화, 음악 마니아인 S씨 집에 들러 외장하드를 훔치고, 가까운 군부대에서 총 몇 자루를 챙기면 여행 준비는 얼추 끝난다. 그때까지 아무도 만나지 못한다면 세상에 잘 보일 사람이 없을 가능성이 매우 높다는 뜻이므로 귀찮은 머리를 빡빡 밀고 브래지어를 벗어 던진 다음 엑셀을 밟을 것이다.

첫날엔 평양 주석궁에 묵으면서 북한이 진짜 핵폭탄 개발에 성공했는지 살펴본다. 리비아 노예상의 집에 미사일을 몇 발 쏠 수도 있을 것이다. 그 후 사막을 거쳐 평소 무서워 못 가는 인도와 중동을 구경하면서 유럽으로 건너간다. 이탈리아, 프랑스, 스페인의 최고급 와인을 수거해서 리스본에 도착하면 가장 크고 호화로운 요트를 빌려서 미국으로 건너갈 것이다. 미국에서 할 일이야 뻔하지. 로스웰 외계인과 케네디 암살에 관한 비밀 문서를 찾아내는 것이다. 이 정도 스케줄이면 1년은 너끈히 즐기겠다. 그런데 그 다음엔?

언젠가는 **외롭겠지**

영화나 드라마에선 주인공이 외롭다 못해 미쳐서 자살을 시도하거나 환각에 빠질 때쯤 다른 생존자가 나타난다. 〈더 라스트 맨 온 어스〉의 필은 평소라면 절대 사랑에 빠질 리 없는 여자를 만난다. 그러거나 말거나 사람인 게 반가워 결혼을 하는데, 그만 결혼 후에 이상형 여자가 나타나는 바람에 중혼할 방법을 찾아 잔머리를 굴린다. 〈조용한 지구〉의 잭은 처음부터 마음에 드는 여자를 만나지만 이내 호전적인 사내가 한 명 나타나는 바람에 갈등을 겪는다. 나는 평소 역겨운 남자가 지분거리면 '지구에 인간이 단 둘만 남는다 해도 번식을 포기하고 자살해서 인류를 절멸시킬지언정 저놈과는 섹스하지 않겠다' 다짐하곤 하지만 글쎄, 실제로 죽도록 외로움에 시달리다가 누군가를 만나면 아무리 역겨운 인간이라도 사랑에 안 빠지기가 힘들 것 같다. 예컨대 지구에 나랑 도널드 트럼프만 남는다면… 아 아니다, 아무래도 인류를 절멸시키는 게 맞겠다.

© 그래비티

절대 고독에서 **탈출하는 법**

어쨌거나 인류 멸망 서사의 끝은 대부분 사랑이다. 걸작 애니메이션 〈월-E〉(2008)는 텅 빈 지구에 수백 년간 혼자 남아 폐기물을 수거하면서 쓸쓸하게 살던 로봇 월-E가 매력적인 탐사 로봇 이브와 사랑에 빠져 벌이는 모험을 그린다. 관객들이 월-E를 애틋해하는 것은 그가 귀엽기 때문만은 아니다. 소통할 이 없는 세계에서 도대체 내 인연이 어디에 있는지, 언제 나타날지, 이 외로움이 언제 끝날지도 모른 채 묵묵히 일을 하고, 밥을 먹고, 삶을 돌보며 살다가 어렵게 누군가를 만나면 '헤어지기 싫어, 혼자 있기 싫어서'(feat. 봄여름가을겨울) 몸부림치는 게 평범한 인간이기 때문이다. 지구에는 75억 5천만 명의 인류가 살지만 나라는 존재는 단 하나고, 그런 점에서 우리는 다 혼자고, 쓰레기더미 위의 월-E인 것이다. '우주에 나 혼자'라는 절대 고독을 경험하는 주인공은 그 외에도 많다. 〈그래비티〉(2013)의 '스톤 박사'가 그랬고, 〈인터스텔라〉(2014)의 '쿠퍼'와 '브랜드'가 그랬고, 〈마션〉(2015)의 '마크 와트니'가 그랬다. 심장이 파열할 정도의 막막함 속에서 그들을 구원하는 것은 각각 동지애, 가족애, 인류애다. 사랑 만세, 만만세! 외치려다 잠깐 석연찮은 기억이 떠올랐다.

사실 당신의 세계는 **이미 망했다**

외계인 침공 후 홀로 지구에 남은 〈오블리비언〉(2013)의 정찰병 '잭 하퍼' 앞에 나타난 것은 그인지 그의 분신인지 하여간에 기억을 공유하는 '범汎 잭 하퍼'의 아내다. 늘 그렇듯 톰 크루즈가 사랑에 빠지고 인류를 구할 동안 그 못지않게 외로워 보이던 정찰기지 파트너 '빅토리아'는 파멸을 맞는다. 빅토리아라고 평생 한 남자 말고는 부대낄 일 없는 이 광대하고 적막한 세계가 외롭지 않았을 리 없건만, 주인공의 사랑을 못 받은 죄로 마지막 인류가 되지 못한다. 될 놈 되고 안 될 놈 안 된다더니, 지구가 멸망해도 그 원칙은 바뀌지 않을 모양이다. 이래서 그냥 인류가 다 같이 사라져버리면 좋겠다는 거다. 기다리지 말라고, 사랑 따위.

사람은 무엇으로 이루어지는가?

누드크로키

우연히 애인을 보았다. 그녀는 가족들과 함께 저 멀리 강변을 산책하고 있었다. 나는 그 모습을 한참 동안 관찰하다가 예기치 않은 실망감을 느끼게 되었다. 평소 누구보다 아름답다고 생각하던 애인의 모습이 너무나 초라하게 느껴졌다.

글·그림 **한승재**

그녀의 얼굴은 부모님의 얼굴을 어리숙하게 조합한 모조품에 불과했다. 길고 가늘고 냉소적인 그녀의 눈이 사실은 그것보다 더 냉소적일 수 있다는 사실이, 짙고 검은 눈썹이 지금보다 훨씬 더 원시적으로 보일 수 있다는 사실이 그녀의 오리지널리티에 적지 않은 손상을 가져왔다. 그렇다고 그녀의 부모님이 그 디자인의 원조 격인 것도 아니었다. 그녀의 부모님의 부모님, 그 부모님의 부모님의 부모님. 부모님의 부모님의 부모님의 부모님…. 디자인의 원작자를 찾아 한 세대씩 거슬러 올라갈수록 그녀의 희소성은 2의 n제곱 비율로 뚝뚝 떨어져 갔다. 한 사람의 얼굴은 수많은 종류의 피가 섞인 조합물이다. 이는 해독 주스를 만드는 지저분한 과정을 떠올리게 한다. 처음엔 고운 빛깔의 열매였지만 당근과 브로콜리와 양배추를 섞어 넣으면 주스의 색깔은 점점 괴측해져 간다.어느 날 우연히 애인의 주변 사람들과 술자리를 갖게 되면서 그녀에 대한 실망감이 조금 더 자라났다. 주변 사람들이 모두 그녀와 같은 말투를 사용하고 있었다. 워낙 친한 친구들이라 그런 거라고 변명해보지만 그런 변명이 통할 리가 없다. 어느 시점에 이야기를 멈추는 방식이라든지 맛을 음미하는 표정이 친구들과 적잖이 비슷했다. 와인잔을 쥔 손 모양도 모두 비슷했다. 그녀의 친구 한 명이 와인을 쏟아서 테이블보가 보라색으로 변해버렸는데, 그때 테이블에 반사된 조명이 그녀들의 얼굴을 모두 보랏빛으로 바꾸어버렸다.

몇 번은 그녀와 만났던 남자들에 대한 이야기를 듣기도 했다. 그녀가 어느 음악가와 종일 걸었다는 그곳을 지날 때면 그녀가 이곳에서 걸음을 배운 거라는 착각이 들었다. 그녀가 옷을 입는 대범한 스타일은 이전에 만났다는 패션 디자이너에게 영향을 받은 것일까 생각해보았다. 그녀가 즐겨 보는 영화, 그녀가 즐겨 가는 음식점 등 그녀가 가진 취향이 정말 그녀의 것인지 의심이 들었다. 수많은 사람을 스쳐 가며 비로소 한 사람이 완성되어 간다는 것. 한 덩어리로만 느껴졌던 그녀의 모습이 겹겹이 포개어 만들어진 케이크처럼 느껴졌다. 그녀를 테이블보와 해독 주스에 비교했던 것에 비한다면, 이번 비유법은 그래도 조금 사랑스러운 것이었다.

어느 날, 우리는 침대에 누워 도형에 대한 이야기를 나누었다. 나는 도형의 조합에 대해 이야기했다. 모든 도형의 근원은 삼각형이라는 이야기를 해주었다. 사각형은 두 개의 삼각형으로 나누어질 수 있고 육각형은 여섯 개의 삼각형으로 나누어질 수 있다. 그녀는 그렇다면 곡선은 삼각형으로 어떻게 표현할 거냐고 물었고, 나는 피자 조각을 예로 들어 이야기해주었다. 둥근 피자를 반으로 나누고 또 반으로 나누고 그렇게 수십 번 반복하다 보면 피자는 수많은 삼각형들의 조합이 된다. 날 보는 그녀의 표정이 심각해졌다.
그녀는 도형이 눕는 것에 대한 이야기를 했다. “난 도형이 눕는 것에 대해 생각해본 적이 있어.” 어떤 도형은 누워있을 수 있고, 어떤 도형은 누워있을 수 없다고 말했다. 직사각형은 누울 수 있지만, 정사각형은 누워있을 수가 없다. 그녀는 그것이 침대가 편해 보이는 이유이고, 주사위가 긴장한 것처럼 보이는 이유라고 말했다. 난 그녀가 생각하는 대범한 방식에 놀라며 삼각형은 어때 보이는지 물었다. ‘삼각형은 가장 안정적인 구조라서 평생 쓰러지지 않는다’고 말하며. 그러자 그녀는 그것을 어떻게 장담하느냐고 물었다. 말문이 막혀버렸다. 마치 수달과 대화하는 것 같은 황홀한 기분이 들었다.

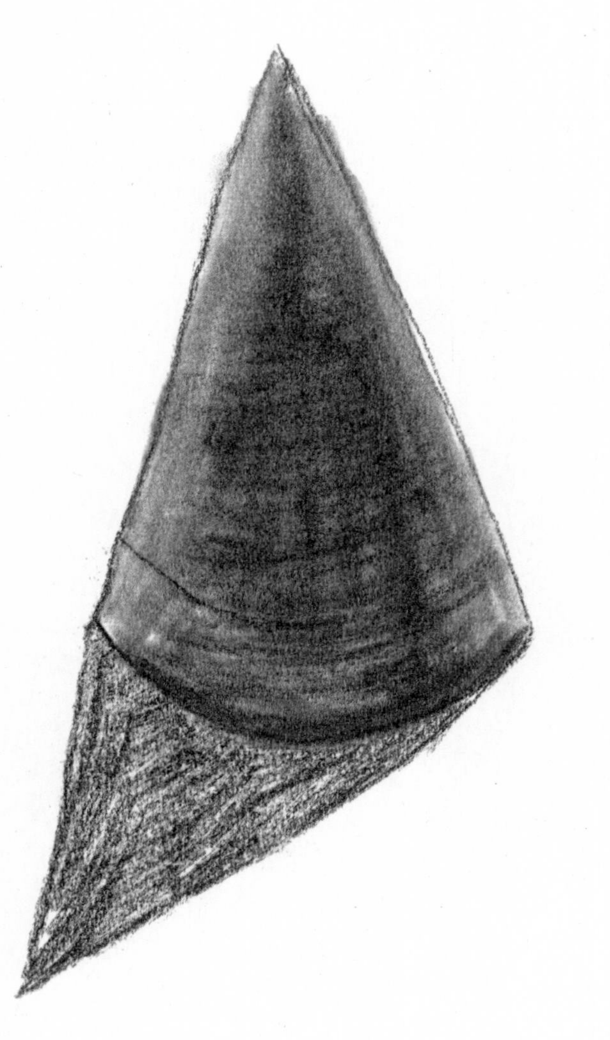

나는 도형을 가지고 노는 방법에 대해 이야기했다. 도형을 가지고 노는 방법은 숫자처럼 더하거나 나누는 것뿐이라고 말했다. 그러면서 나는 숫자에 대한 이야기도 했는데 1과 자기 자신으로밖에 나누어지지 않는 숫자는 무수히 많은 반면, 1과 자기 자신으로밖에 나누어지지 않는 도형은 삼각형밖에 없을 것이라고 이야기했다. 그녀는 어이없다는 듯이 말했다. "네가 겨울철에 내뱉는 입김이 정말 삼각형으로 나누어질 수 있다고 생각하니? 네가 어제 내 등에 뱉은 정액이 뾰족한 삼각형으로 이뤄졌다고 생각하면 너무 가려워!" 반박하고 싶었지만, 연기의 두리뭉실함이나 정액의 미끈거림은 아무래도 삼각형으로 만들어낼 수는 없을 것 같다는 생각을 해버렸다. 누워서 대화만 나눴을 뿐인데 벌써 시간은 새벽 세 시를 지나고 있었다.
그러지 말고 우리 도형을 가지고 노는 다른 방법에 대해 궁리해보자. 그녀가 말했다. 나는 도형을 합치거나 나누는 것 외에 정말로 아무 생각이 나지 않는다고 솔직하게 이야기했다. 하지만 그녀는 정말 아무렇지도 않게 말했다. "도형을 물에 담글 수도 있고, 쓰다듬을 수도 있잖아." 난 그녀의 생각이 정말로 위대하다는 생각을 하며 퍼뜩 떠오른 한마디를 덧붙였다. "그리고 조각을 만들 수도 있어!"
그때 내 머리엔 소비에트 연방의 거대한 조형물이 떠올랐다. 지독한 독재자는 높고 한적한 곳에 자신만의 도형을 세워놓는다. 그것을 높은 곳에 세우는 이유는 그것이 모두에게 보이길 바라는 마음이고, 그것을 한적한 곳에 세우는 이유는 그것이 유일하길 바라는 마음일 것이다. 독재자의 도형은 어떤 도형으로도 나눌 수 없을 것 같은 어려운 모양이다. 나는 지독한 독재자로서, 다른 사람을 떠올리게 하는 어떤 도형으로도 존재하고 싶지 않은 마음이 크다. 어디에서도 잘 보이고 누구와도 비견될 수 없는 유일한 도형이고 싶어 한다.

그녀에게 난 어떤 도형일지 궁금해 물어보았다. 난 네가 다른 사람과 전혀 다른 도형이길 바랐어. 그런데 사실 누군가와 겹쳐 보일 때가 많아 실망하곤 했어. 네가 보기에 난 어떤 도형이야?
그녀는 이제 졸음이 왔는지 자세를 고쳐 눕고 잠꼬대하듯 평온하게 이야기했다.
1.2.3.5.7.11.13.17……. 삼각형, 돌멩이, 주사위… 그리고 한참 더 뒤에 너의 이름도 있겠지….

당신의 말과 눈빛이 혼자를 살 수 있게 했습니다

평론가 부부의 사생활

혼자서는 발굴할 수 없는 마음이 있습니다. 혼자여야만 가능한 마음도 있습니다. 마음으로부터 마음으로까지, 가장 먼 그 길을 걷다 보면 알게 됩니다. 둘이면서 하나인 것을, 하나이면서 둘인 것을. 우리는 오늘도 절룩거리며 그 길을 오래 오래 걷습니다.

글 **김나영, 송종원** 사진 **이자연**

아내의 안에

얼마 전, 〈이중섭의 아내〉라는 다큐멘터리를 보았다. 이 다큐는 일본에서 2014년에 개봉했고, 한국에서는 그 후 2년이 더 지난 2016년에 개봉했다. 그녀는 거동하기 위해 걸음을 보조해주는 기구나 다른 사람의 부축이 필요하긴 하지만, 한국에서 열린 이중섭 작품의 전시회를 보러 오가고, 외출 전이면 거울 앞에 앉아 립스틱을 바르고 머리 매무새를 가다듬는다. 카메라로 지켜보는 그녀의 일상은 너무나 평범해서, 이 다큐의 부제가 '평범한 그녀의 일상'이어도 하나도 이상하지 않을 것 같았다.

다큐의 중반부에 그녀가 제주도에서 남편과 아이들이랑 함께 살았던 집에 방문하는 장면이 있다. 초가집의 한 귀퉁이에 있는 방 하나. 좁은 통로에는 아주 작고 낮은 아궁이가 두 개 걸려 있는 방. 네 식구가 나란히 누우면 딱 맞을 만한 그 방. 마치 부엌에 딸린 곡식 창고처럼 보이는 허름하고 어두운 그곳에서 이중섭과 그의 아내와 그들의 아이들은 함께 살았다. 밥을 지어도 반찬이 없어서, 한라산에 가서 부추를 뜯고, 바닷가에 나가 게를 잡았던 일을 그녀는 그리운 듯 엷은 미소를 만면에 띤 채로 들려주었다.

다큐는 그녀를 보여주다가, 그림과 편지를 배경 화면으로 삼아 그들이 주고받은 편지를 읽어주다가, (아마도 장이나 막의 구분을 의미하는 듯) 아주 잠시 아무 소리도 들리지 않는 검은 화면을 보여준다. 갑작스럽게 화면을 온통 채우는 어둠과 침묵, 내내 서로를 향한 애달픈 그리움의 토로이거나, 그녀가 일본에 있는 부모에게 그들 식구가 얼마나 고생하며 살고 있는지를 알리는 편지 내용과 거의 완벽히 대조되는 형식으로 그녀의 일상, 혹은 일상을 지속하는 그녀의 모습은 태연하고, 오히려 행복해 보였다. 그도 그럴 것이 (감독의 기획과 편집 때문이겠지만) 러닝 타임 내내 그녀는 내면 깊숙한 곳에 있는 무엇을 바라보듯 골똘하거나, 오래전에 있었던 일들을 이야기하면서도 자주 밝게 웃는 표정이었기 때문이다. 그녀는 이제는 받을 수 없는 편지, 잡을 수 없는 손을 상기하게 하는 그 모든 문자와 이야기와 검은 화면 사이에서 홀로 환했다.

인물들의 과도한 감정의 노출도, 과장된 편집의 흔적도 없이 잔잔하게 흐르던 이 다큐의 진행을 따라가다 불에 덴 듯 놀랐던 장면이 하나 있다. 건강상의 이유로 아이들과 자신만 일본에 있는 친정으로 건너왔고, 그 이후 그들 부부는 일본에서 함께 살고자 하는 열망을 담은 편지를 주고받았으며, 그녀 어머니의 도움으로 이중섭은 일본에 출입할 수 있었으나 단 일주일만 머물 수 있다는 통보를 받았고 정말로 일주일만 머물다 다시 돌아오겠다는 말을 남기고 한국으로 돌아갔다고, 그것이 그들이 마지막으로 함께한 시간이었다고. 이런 이야기들을 담담하게 전한 끝에, 그녀는 이렇게 덧붙인다. "살면서 많은 일들을 겪었지만 특별히 고생했다고 생각한 적은 없어요." 정말로 그렇게 생각하는 그 표정과 목소리를 마주하며, 이해되지 않는 것은 이해하지 않는 채로 두는 것이 어쩌면 가장 큰 포용일지도 모르겠다고 생각했다.

그토록 사랑했던 남편을 잃고, 하물며 그 죽음조차 곁에서 지키지 못했는데도 그녀는 어째서 내내 불행하지 않을 수 있었을까. 일본에서의 재회 이후, 3년이나 더 남편을 기다렸고, 그가 죽음에 이르기 전 일 년 정도는 소식조차 거의 없었는데도. 그녀는 어떻게 그들이 함께할 삶에 대해 내내 낙관할 수 있었을까. 물론 화면 바깥의 일들에 대해서라면 누구도 쉽게 추측할 수 없다. 인생의 말미에 이르러 낯선 눈동자들을 바라보며 천천히, 아주 천천히 곱씹듯 들려주는 그 이야기가 그녀의 인생 전부를 보여준다고 할 수도 없다. 어쩌면 그녀는 내가 상상하는 것 이상으로 괴로워하고, 절망하고, 두 눈이 붓고 또 부어 짓무를 정도로 기나긴 낮밤을 눈물로 보냈을 것이다. 그 지독한 상실감과 고독의 시간을 지나오면서 어떤 마음이 새롭게 생겨났을지도 모른다. 짧았지만 강렬했던, 서로에 대한 믿음과 애정이 충만했던 시절의 여전함. 돌아와 그녀의 손을 잡고 길을 걸어갈 그가 더 이상 이 세상에 없어도 그때의 기억과 그로 인한 행복이 여전히, 충분히 있다는 놀라운 사실이 그녀가 현실에 지지 않도록 했을 것이다.

고맙습니다

그녀의 이름은 마사코다. 다큐에서 한국 나이로 아흔 셋이었던 마사코는 제주도에서 그들이 함께 살았던 방에 놓인, 영정처럼 보이기도 하는 이중섭의 사진 앞에 서서 손을 모으고 눈을 감고 기도를 한다. 내내 외로워 보이지 않던 마사코가 아주 잠시나마 '완전히' 혼자인 듯 보였던 것은 그 순간만큼 마사코는 죽은 아고리와 마주하고 있었기 때문이 아닐까. 남편의 손을 잡지 못하지만, 남편의 말을 기억하고 공기 속에서 그의 온기를 느끼며 늘 그랬듯 재회할 날을 기쁘게 기다리며 살아온 자신의 인생으로, 사진으로만 남편을 만날 수 있는 게 아니라는 것을 몸소 증명하며 살아온 마사코에게 그들이 함께 살던 그 방에 덩그러니 놓인 빛바랜 이중섭의 사진은 지금 이 순간 그녀가 철저히 혼자라는 실감을 하게 했을 것이다.

'혼자'라는 말은 맞으면서도 틀리다. 누구에게나 물리적으로 혼자 있을 때가 있지만, 그때도 혼자 있는 게 아닐 수 있다는 말이다. 누구든 혼자 길을 걷고, 밥을 먹고, 영화를 보고, 차를 마실 때도 그는 다른 누군가와 함께 있다. 걷다가 문득, 먹다가 문득, 공기의 내음과 차의 향기와 음식의 맛과 질감 속에서 누군가가 떠오른다면, 그것이 당신이 혼자 있어도 결코 혼자 있는 게 아니라는 증거다. 아무도 없는 방 안에 누워 핸드폰 메시지를 확인하고, SNS에 올라온 누군가의 사진과 이야기를 볼 때, 아무 응답 없는 그 행위 속에서도 당신은 혼자인 채로 누군가를 만나고 있다.

함께 살기 위해서 혼자의 시간은 누구에게나 필요하다. 외부적인 상황에 정신없이 이끌려 다니다가도 잠시 쉬면서 자기만의 시간을 갖는 일은 내가 원하는 것, 내가 해야 하는 것을 확인하기 위해서, 나아가 스스로 만족하는 삶을 꾸리기 위해서 필수적이라고 할 수도 있을 만큼 중요한 일이다. 하지만 그 시간이 오롯이 자기만의 것이 되기 위해서는, 역설적으로 어떤 관계에 대한 의식이 필요하다. 독립적인 육체와 인격, 그리고 자유로운 삶으로 그려지는 혼자의 모습은 결국 그런 혼자와 혼자가 만나 이루어낼 어떤 관계에 대한 상상을 바탕으로 한다는 말이다. 나처럼 혼자인 당신이 있어서, 나는 혼자지만 혼자가 아니다.

제주도의 옛집에서, 함께 지냈던 그 작은 방 안에서, 아고리의 사진 앞에서 혼자였던 마사코는 손을 모아 기도한 후에 감은 눈을 뜨고 가벼운 목례를 하며 들릴 듯 말 듯한 목소리로 이렇게 말했다. "아리가또." 혼자 남은 자신이 혼자가 아닌 채로 살 수 있었던 이유를 마주하듯이, 그 이유에게 깊은 인사를 건네듯이. 어떤 인사는 그렇게 완전히 혼자인 채로 혼자가 아니었던 시간을 등 뒤에 둔 뒤에야 할 수 있다. 한 편의 다큐를 함께 보고 그 시간을 곱씹으며 홀로 쓸 수 있어서, 나 역시 혼자인 채 혼자가 아니어서, 이 글은 고맙다는 말로 맺고 싶다.

남몰래 부르는 이름

마감을 했다. 기분이 편하지 않다. 글은 끝났는데 무언가 끝나지 않은 그런 미묘한 기분이 하루 이틀 정도 지속된다. 어딘가를 계속 헤매는 것도 같고, 멀미가 나는 것도 같다. 마음이 끝내 차분해지지 않으면 나는, 콩자의 무릎을 베고 누워서 영화를 본다. 아내의 무릎은 나에게 방금 전 문장에서 사용한 쉼표 같은 기능을 한다. 숨을 고르게 해줄 뿐 아니라, 무언가를 연결시켜주는 일을 하기 때문이다.

그날은 〈이중섭의 아내〉라는 영화를 골랐다. 이중섭의 얼굴에는 묘한 표정이 있다. 사진 속의 그는 자주 웃는다. 그런데 그 웃음 너머로 시린 무언가가 어른거리기도 한다. 얼굴에 약간 그늘이 있다는 말인데, 그 그늘이 어둡기보다는 밝은 편이다. 영화는 사진 속에 남은 이중섭을 보여주면서 동시에 사진 밖에서 영상으로 담긴 그의 아내를 보여준다. 이중섭의 아내는 그를 '아고리'라고 부른다. '아고'는 일본어로 턱을 의미한다. 이중섭의 턱에서 특징을 발견한 일본인 친구들이 그를 그렇게 불렀다고 그녀의 아내는 수줍게 웃으며 회상했다. 그러니까 '턱이 긴 이씨' 정도의 의미로 번역이 되는 셈인데 그의 아내가 영화 내내 '아고리'라고 말할 때의 어감은 그런 뜻으로만 들리지 않았다. 누구도 대신 불러일으킬 수 없는 소리의 울림이 '아고리'를 읊조리는 그녀의 음성에 녹아 있다. 그녀가 아고리라고 말하는 순간에는 왠지 이중섭이 그녀 옆에 와 있는 듯한 느낌이 든다.

아고리는 아내 마사코에게 '남덕'이라는 별명을 지어 불렀다. 남쪽에서 온 덕이 많은 여자라는 의미였다고 하지만, 나는 그 남덕이라는 음성에도 아고리와 남덕 둘만이 아는 남다른 감각이 새겨져 있을 거라고 확신한다. 누구에게도 나누어 줄 수 없는 무언가가, 둘만의 역사이기도 한 특별한 감각이 사랑하는 연인을 부르는 이름 속에는 녹아 있기 마련이다. 나 역시 '콩자'라는 음성 속에 매번 다른 의미를 담아 아내를 부른다. 아니 의미라기보다는 마음에 가까울 것이다. 가장 가까운 사람만이 꺼내 볼 수 있는 마음, 나 혼자서는 결코 꺼내 볼 수 없는 나의 마음, 그러니까 콩자라고 아내를 부를 때마다 이 세상에는 나의 마음 하나가 새롭게 발굴되는 것인지도 모르겠다. 재밌게도 나는 남덕이 아고리에게 보낸 편지 속에서도 같은 현상을 발견했다. '소중하고 또 소중한 나의 사랑 아고리'라고 시작된 편지는 '마음으로부터, 남덕'이라는 구절로 마무리되고 있었다. 마사코 역시 아고리가 곁에 있어서 자신의 마음을 꺼내어볼 수 있는 능력이 생겼던 것이다.

사진 속 아고리는 이 세상에 없고, 영상 속 남덕은 이 세상에 있다. 남덕 혼자 남겨진 것이다. 둘의 결혼 생활은 6년에 불과했다. 더군다나 그 6년 동안에도 역사적 정황과 가난으로 인해 헤어져 살았던 시기가 있었다. 하지만 아고리를 회상하는 남덕의 시간은 6년이라는 숫자로 담아낼 수 없을 것만 같았다. 사람들은 아고리가 더 이상 이 세상에 없다고 말하지만 그 '세상'에는 남덕도 없었다. 영화 속 남덕의 목소리는 때때로 단호했다. 그녀는 자신에 대해서는 수줍게 말했지만, 아고리를 말할 때는 달랐다. 그때는 분명하고 단호한 음성이 되었다. 마치 아고리의 마음 깊은 곳을 여기저기 들여다본 사람처럼, 여전히 그의 마음속을 살고 있는 사람처럼 말이다.

영화의 처음과 끝에는 아고리 없이 세상에 혼자 남겨진 남덕 씨가 미용실에 다녀오는 과정이 그려진다. 나는 왜 이중섭의 아내가 미용실에 가는 장면으로 영화가 시작해서 미용실에서 머리를 만지고 집으로 돌아가는 장면으로 영화가 끝나는지 조금 알 것도 같았다. 혼자 남겨진 남덕 씨는 아고리의 눈빛을 여전히 세상 곳곳에서 느끼는 것이다. 달리 말하자면 여전히 아름다운 남덕의 모습을 중섭은 어디선가 혼자 지켜보고 있는 중이다. 그러고 보니 영화 끝에 남덕이 돌아가는 곳은 그녀의 집이 아닐 수도 있겠다. 아고리가 있는 곳, 혹은 아고리의 마음이 있는 곳으로 그녀는 오늘도 귀가 중이다.

'형 우리도 녹아가고 있어, 점점 작아지고 있어요'

글을 마감하고도 마음이 진정되지 않을 때 내가 또 찾는 장소 중 하나는 집 앞 '테루테루'라는 작은 술집이다. 아고리 정도는 아니지만 턱이 잘생긴 사장님이 운영하는 이자까야다. 선어회가 특히 맛있다. 친구 몇몇에게 이 선어회를 맛보였더니 심각하게 이사를 고민했을 정도다(뒤에 나오겠지만 정말 그런 이유 때문에 이사를 온 거 같은 친구가 하나 있다). 혼자서 칼을 잡아 회를 써는 사장님의 모습을 보면 슬쩍 웃음이 날 정도로 멋이 있다. 나는 멋있는 사람만이 맛있는 음식을 만든다고 믿는다. 그날은 하이볼에 회를 먹고 있는데 한 사람이 불쑥 가게 안으로 들어왔다. 아는 사람이었다. 그는 '살아보겠다고, 살겠다고, 어느 날 혼자 불쑥 묵호 같은 데를 찾아가는' 사람이다. 동네 친구 박준, "헤어 디자이너는 아니고요, 시를 쓰고 있어요", 라고 종종 자기소개를 하는 친구. 선어회 때문에 우리 동네 근처로 이사 온 것으로 추정되는 사람.

나보다 1년 정도 늦게 이 가게를 알게 되었지만, 나보다 사장님과 더 친해진 거 같은 친구는 술이 어느 정도 올라서 막차로 여기를 들렀다고 했다. 그러고는 평소와 달리 스스럼없이 음악 몇 곡을 신청하며 읊조리듯 "형 있잖아, 난 저 연주하는 사람 표정이 너무 좋아."라고 덧붙였다. 사장님이 유튜브 영상을 트니 거기 정말 넉넉한 아저씨가 해맑은 표정으로 건반을 누르고 있었다. 세상 다 가진 표정, 아니 세상 모든 게 필요 없는 표정. 같은 말인가. 그런데 왜 슬프지! 그는 웃고 있는데 울고 있는 거 같다. 그는 분명 이 세계에 우리와 같이 있는데, 혼자 외따로 어느 먼 곳에 있는 것만 같다. 자기만 아는 어딘가로 차원을 이동한 느낌. "저거 서로 대화하는 거예요." 평소에는 과묵한 사장님의 한마디가 불쑥 음악 사이로 끼어들었다. 건반이 기타에게 기타는 트럼펫에게 서로 이야기를 하는 거예요. 트럼펫이 취미인 사장님의 눈에 그들의 대화가 잘 들렸나 보다. "오늘 뭐 했어? 난 오늘 이거 했어."라고 건반이 말하면, 기타가 "아 좋았겠다. 아니 어쩌면 슬펐겠다. 사실 오늘 나는…." 이런 식의 대화예요. 그런데 사장님이 번역해준 저 대화는 별다른 말도 아닌데 애틋하고 짠했다.

준이 두 번째로 신청한 곡은 바싹 마른 나무껍질 같아서 불을 붙이면 확 타오를 것만 같은 음성의 여가수가 부른 노래였다. "사랑의 감정, 나는 당신을 잃었다고 느끼진 않습니다. 그러나, 내 마음에 다시는 당신을 들여놓지 않겠다고 생각했어요." 정도로 번역될 가사가 흐르고, 그 사이 마신 몇 잔의 술 때문인지, 아니면 가수의 텅 빈 시선에 취한 건지. 그도 아니면 그녀의 건조한 음성에 취한 건지, 아무튼 취했다. 그리고 혼자서 서러워졌다. 부끄럽게도 갑자기 어디론가 도망가고 싶은 생각도 들었다. 혼자가 되고 싶었던 건지, 혼자가 되고 싶지 않았던 건지 잘 모르겠지만. 술잔에 담겨 녹는 얼음처럼 작고 차가워진 밤이 가게 앞 유리에 달라붙어 있었다. 그 사이 환청처럼 이상한 소리도 들었다. '형 우리도 조금씩 녹아가고 있어, 점점 작아지고 있어요.' 그리고 옆에서는 취한 친구가 시 구절 같은 말을 아고리를 닮은 사람에게 들려주고 있었다. "손은 다른 손을 만나야 공손해져요. 손은 모아지지 않으면 공손해질 수 없어요." 술과 시와 음악과 대화가 차가운 밤의 대기를 찢고 이상한 세계를 출몰시키고 있었다. 자칫하다가는 귀가가 아주 늦어질 수 있겠다 싶어 일어서려는 찰나 한 손이 불쑥 내 팔을 잡아끌고 말했다. "형! 우리 집에 가자!"

1과 2 사이의 5

연애, 그 찬란한 외로움에 대하여

평균 나이 31.8세, 평균 연애 경험 여덟 번. 혼자 또는 둘, 혹은 그 중간 어디쯤에 놓인 다섯 명이 한자리에 모였다. 술자리에서만 할 수 있는 또래의 사랑 이야기.

에디터 **김건태** 포토그래퍼 **안선군**

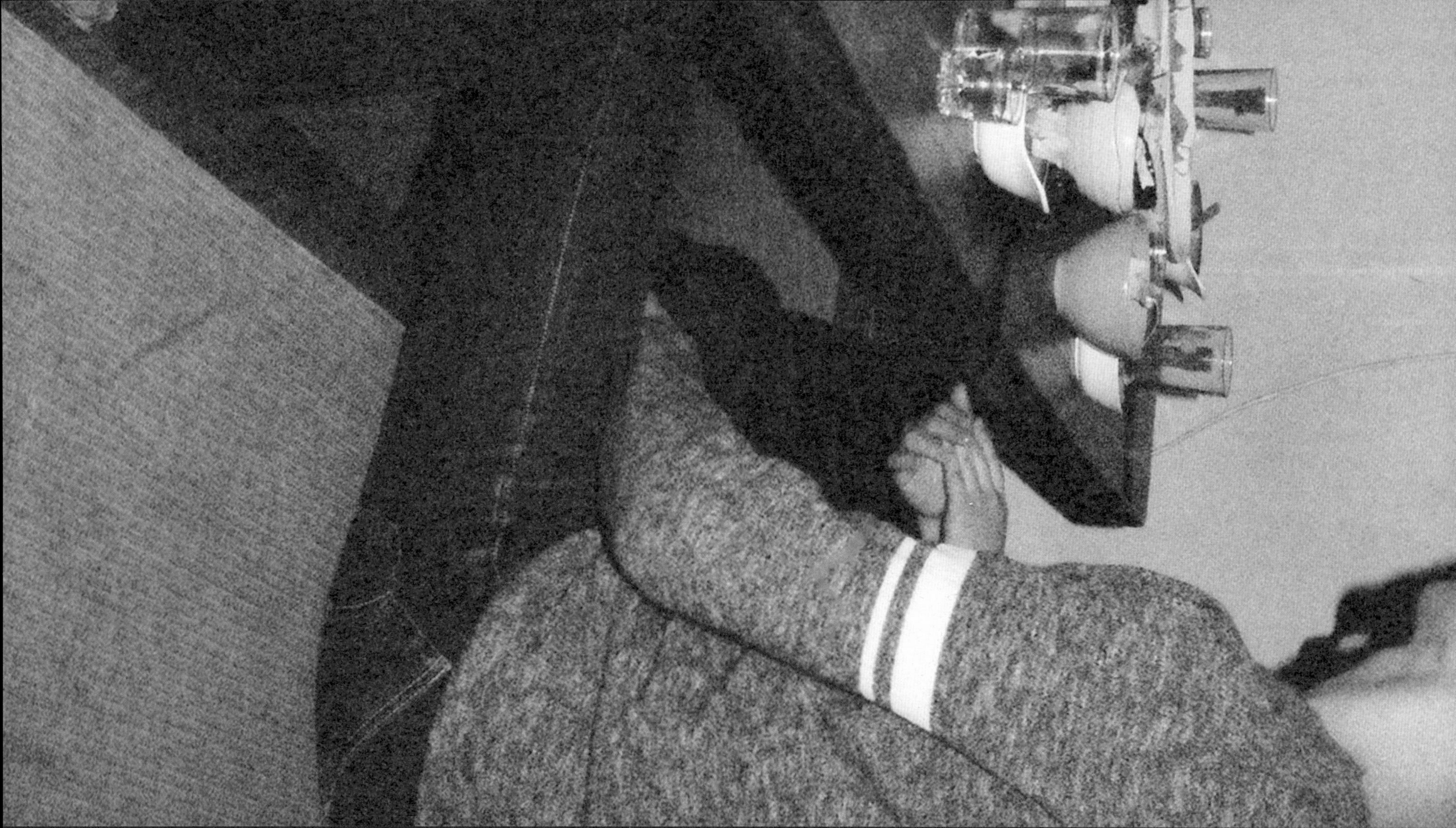

참여자

01 '19금 그녀' | 여 | 31세 | 기자 | 솔로 "만나던 남자가 3일 동안 머리를 안 감더라고. 거기서 확 깼어." 02 '위기의 남자' | 남 | 34세 | 미술품 딜러 | 기혼 "포경수술처럼 결혼도 당연한 일이라고 생각한 거지." 03 '사랑꾼1' | 여 | 30세 | 요리사 | 연애중 "내가 먼저 전 여자친구 근황을 물어보기도 해." 04 '사랑꾼2' | 남 | 30세 | 사진작가 | 연애중 "그래, 끝은 항상 교훈적이어야 제 맛이지." 05 '진행자' | 남 | 34세 | 에디터 | 솔로 "이 기획 괜찮을까?"

경고 | 본 기사는 어라운드의 성향과는 다를 수 있습니다.

전반전 | First Half

진행자 먼저 패널 소개부터 할게요. '사랑꾼1'과 '사랑꾼2'는 연애 중인 커플이고, '19금 그녀'는 신문사 기자이자 섹스 칼럼니스트로 활동하고 있어요. 현재는 솔로. 그리고 가장 모시기 힘들었던 '위기의 남자'는 유일한 기혼자이자 별거 중인, 그야말로 폭풍전야의 패널이에요. 끝으로 저는 3년 전 마지막 연애를 끝으로 짝사랑만 하고 있어요. 오늘은 진행자 역할이고, 술값을 계산할 거예요. 대담이라는 형식으로 만나긴 했지만, 그냥 편하게 아무 말이나 해주세요.

사랑꾼2 아무 말이나 할 수밖에 없을 거 같아요. 우리가 뭐 전문적으로 아는 게 있어야지. 근데 술 좀 들어가면 재미있지 않을까?

진행자 사실 저는 좀 걱정되는 게, 제가 평소에 대담 기사를 잘 안 읽거든요. 재미도 없고 크게 공감 안 가는 부분도 많고요. 그래서 나름 생각한 건 우리가 삼십 대 초중반의 대표성을 갖는다는 생각을 버리는 게 어떨까 싶어요. 각자 다른 환경에서 연애를 해본 사람들끼리 자기의 경험을 수다 떨듯이 대화하면 좋을 거 같아요. 친구처럼 편하게.

위기남 그런 의미에서 '아는 형님'에서 하듯이 전부 말을 놓으면 어떨까?

진행자 난 좋은 거 같아. 다들 동의하면 그렇게 하자. 아, 사랑꾼 커플은 얼마 전에 잡지에 인터뷰도 했더라? 동거하고 있다는 걸 당당히 밝히던데, 그래도 괜찮은 거였어?

사랑꾼1 뭐 크게 상관은 없는데, 그게 처음이랑은 말이 좀 달랐어. 우리가 지금 함께 하는 작업을 취재한다고 해서 승낙했고, 동거라는 말은 전혀 하지 않았는데 나중에 보니까 '동거하는 커플'로 나온 거야.

19금녀 그거 큰일 나는 거 아니야? 단어 선택이 중요한데.

사랑꾼1 아무튼 기분이 좀 그랬어. 근데 19금녀는 어떻게 섹스 칼럼을 쓰게 된 거야?

19금녀 원래는 방송사에 들어가고 싶어서 23살에 혼자 서울에 올라왔어. 방송아카데미랑 대학원 다니는 동안 과외랑 사보 만드는 회사 다니며 버텼는데, 당시 고시텔 48만원 내기도 힘들더라고. 그러던 중에 헬스 쪽 신문사에 입사했고, 2년 동안 19금 칼럼을 쓰게 된 거지. 내가 되게 솔직한 편이거든. 선배들이 19금 잘할 거 같다고 맡겼는데, 시키면 또 잘해야 하는 거잖아.

진행자 나도 몇 개 본 적이 있는데 피임이라든지, 마스터베이션, 오르가즘 같은 내용이야. 생각했던 거랑은 다르게 정보성 위주의 기사던데?

19금녀 뭘 기대한 거야(웃음). 사실 친구들 만나면 눈알에 피멍이 들었다느니, 노골적인 얘기도 많이 하는데 지면에 나가는 기사는 그렇게 쓸 수가 없지. 윤리위원회에 걸리니까 '안전한 성관계' 같은 정보성으로 쓸 수밖에. 아무튼 지금은 뷰티 쪽이나 제약 관련 기사를 쓰고 있어. 그런데 진행자는 3년째 짝사랑 중이라고?

진행자 내가 호감을 갖는 사람은 항상 남자친구가 있었어.

사랑꾼1 왜 그런 길을 걸어? 혹시 갖지 못하는 것에 대한 동경 같은 거야?

사랑꾼2 전에 나한테 좋아하는 사람 사진을 보여줬는데, 다 엄청 예쁘더라고.

사랑꾼1 외모 말고 다른 걸 봐봐.

진행자 다른 거? 너희는 서로의 어떤 모습을 보고 만났어?

사랑꾼1 음, 뭐랄까. 나는 얼굴도 보고 성격도 보고 하는 일도 보고 같이 있을 때 대화나 생각, 그런 걸 보지. 거의 다 보는 거네. 근데 그렇게 상대를 재보고 그러진 않아. 혹시 눈이 너무 높은 거 아니야?

진행자 이제는 연애하다 헤어지면 삼십 대 후반일 텐데, 확실히 누군가를 만날 수 있는 기회가 없거든. 어쩌면 마지막 연애일 수도 있겠다는 불안감은 있어.

사랑꾼1 혹시 결혼하고 싶어? 그래서 누군가를 만나는 데 지나치게 신중해지는 거 아닐까?

진행자 당장 결혼하고 싶어서 누군가를 만나려는 건 아닌데, 어쩌면 할 수도 있다는 생각은 들지. 결혼에 대해서는 경험자가 제일 잘 알 거 같은데.

위기남 갑자기 나한테 오네. 음, 결혼에 대한 내 입장은 거창한 게 아니었어. 살면서 군대나 포경수술처럼 결혼도 당연한 일이라고 생각한 거지. 나한테는 딱 정해진 나이가 있었어. 대학 졸업하고 2년 정도 사회생활 한 다음 스물일곱 살 즈음에 결혼하면 좋겠다고 생각했지. 현실적으로 그때의 나는 학생이었고, 나름 사회생활을 한 다음에는 서른이 넘어버린 거야. 마침 그때 만나던 사람이 있어서 서른두 살에 결혼을 하게 됐어. 열렬히 좋아해서 했던 건 아니었고.

진행자 서른둘이 많은 나이야?

사랑꾼2 요즘에는 '괜찮아? 무슨 일이야?' 그런 반응이 나오기도 하지.

19금녀 막상 내 주위에는 결혼한 사람이 많아. 체감상 여자 나이 서른둘이면 결혼 적령기인 거 같아.

진행자 아무튼 뭐. 그렇게 당연한 결혼을 했는데, 지금 불과 2년 만에 위기의 남자가 되기까지 어떤 일들이 있었던 거야?

위기남 와이프가 나랑 동갑이야. 연애 당시 아무래도 나보다는 결혼이 더 급했던 거지. 나도 싫지는 않으니까 적당히 타협(결혼)했지. 인생이 늘 만족할 수만은 없다고 생각하니까.

진행자 잠깐만. 순서가 잘못된 거 아니야? 결혼하기 위해 누군가를 만나는 게 아니라 누군가를 만나보니 결혼하고 싶더라. 이게 옳은 거 아니야?

위기남 만약에 그때 만났던 사람이 다른 사람이었으면 또 다른 사람이랑 했겠지. 지금 돌이켜 보면 내가 만났던 사람들 중에서 결혼했으면 잘 살 거 같은 사람이 누구였을지 알 것 같아. 연애하기 좋은 사람과 결혼하기 좋은 사람을 이제는 구분할 수 있어. 아무튼 다시 얘기를 하자면 당시에 나는 대학원 공부를 하면서 미술관 큐레이터 인턴을 하고 있었어. 당시 월급이

80만원이었는데, 여자 친구는 결혼을 하려면 생활이 안 될 게 분명하니까 다른 일을 하라고 압박한 거야. 결국 공부도 포기하고 미술관 일도 포기하고, 보안업체에서 삼교대로 근무를 하게 됐어. 호의호식까지는 아니었지만 어쩌면 그때가 함께 적당히 좋았던 시기였지. 싸우지도 않고.

사랑꾼1 행복했어?

위기남 사실은 내 삶에 내가 없었어. 일해서 돈만 벌어다 주는 사람처럼 느껴지고. 2년 동안 그렇게 일하면서 이렇게 사는 게 맞나 싶었던 거야. 돈을 좀 덜 벌더라도, 하고 싶은 일을 하는 게 좋겠다 싶어서 그만두자 마음먹었는데, 1년만 더 하라고 붙잡더라고. 고민하다가 결국 그만뒀어. 그때부터 싸움이 시작된 거지. 그게 결국 지금에 이르게 됐고.

사랑꾼1 당시 삼교대 일을 하면서 얼마나 힘든지 와이프와 진지하게 이야기 나눠본 적이 있어? 아니면 스스로 결정을 내린 다음에 통보했던 건 아니었는지 궁금해.

위기남 당시 와이프도 맞벌이를 하고 있을 땐데 매일같이 나한테 투정을 부렸어. 거기에 대고 나까지 힘들다고 말할 수는 없었어. 하지만 내가 정말로 하고 싶은 일이 무엇인지 알고는 있었을 거야.

사랑꾼1 지금 어떤 상황까지 간 거야?

위기남 별거 시작했고, 이혼 서류 준비하고 있어. 남들이 보기에 무거운 상황이겠지만, 나는 살면서 충분히 있을 만한 일이라고 생각하기 때문에 그렇게 심각하게 느끼진 않아.

19금녀 단순히 이유가 그것뿐이야?

위기남 내가 생각하기에 분가를 안 한 게 컸던 거 같아. 한 건물에서 아버지는 2층, 우리가 3층에 살아. 가끔 아버지가 올라오시면 그게 불편하다는 거야. 그리고 명절 때마다 우리 집에서 모이는데 그런 것 역시 부담이 된대.

19금녀 결혼 전에 합의를 안 했어?

위기남 합의했지. 조금 불편하겠지만 집 부담이 없다는 게 신혼부부에게 굉장히 큰 이득이잖아. 이미 얻은 것에 대해서는 생각을 안 하고 불평만 하는 게 나는 또 불만이었어.

진행자 근데 한편으로는 나도 네 와이프가 이해되는 게, 다른 집에서 으레 그렇게 한다고 너희까지 당연히 그래야 하는 건 없을 거 같아. 그건 역시 대화랑 합의가 필요할 거 같은데, 그러면 너는 틀어진 이유가 뭐야? 단순히 일방적으로 한쪽의 주장으로 이혼을 생각하지는 않을 것 같은데.

위기남 와이프는 현재를 즐기지 못해. 여가 생활이라든지, 여유가 없어서 함께 무언가 하질 않아. 나는 그게 힘들어.

19금녀 친한 언니가 있는데, 거기도 딱 결혼한 지 2년이 됐어. 맨날 이혼하고 싶다는 거야. 언니 남편의 가치관이 미래지향적이어서 현재는 전혀 즐기지 못하는 스타일이래. 가령 언니가 한 달에 20만 원짜리 운동을 하고 싶다고 말하면, 남자는 너처럼 돈을 물 쓰듯 하는 여자는 없다면서 이혼 도장 찍자고 말한대. 위기남의 경우랑은 반대인 거지. 근데 위기의 남자는 관계가 안 좋아지기 전까지 부부생활은 어떻게 했어? 섹스리스였어?

위기남 일 년에 한두 번 정도? 그것도 의무적으로 하는 게 다였고. 근데 그건 뭐 혼자서 해결하면 되니까 외롭지는 않았는데. 맞다. 한번은 밤늦게 퇴근해서 집에 들어왔는데 자고 있더라고. 컴퓨터를 켰지.

19금녀 아…. 너무 슬프잖아.

위기남 나는 그냥 아무것도 안 하고 영상만 봤어. 근데 와이프가 그 장면을 본 거야. 나보고 변태라고 뭐라고 하는데 서럽더라. 아, 근데 이건 쓰지 말아줘.

진행자 이렇게 재미있는 걸 어떻게 안 써?

사랑꾼2 어차피 실명 안 나가는 거 아니야(웃음)? 돈 좀 쥐어줘.

진행자 하지만 부부생활에 섹스만 있는 건 아니지 않아? 식사나 대화 같은 것들도 안 맞았어?

19금녀 근데 처음부터 그게 됐다면 성생활 역시 가능했을 거야. 한 맥락 아닐까. 혹시 아직 끝나진 않았지만 다음 결혼할 사람들을 위한 조언이 있어?

위기남 없어, 조언.

사랑꾼1 완전 쿨해. 이제 결혼을 완전히 부정해? 다시 하고 싶지는 않을 것 같아?

위기남 나중에 또 순리대로 상황이 되면 할 수도 있지만, 지금은 결혼을 또 하고 싶지는 않아.

진행자 사랑꾼 둘은 어때? 결혼 하고 싶어?

사랑꾼1 결혼? 음, 결혼이라. 아직은 우리에게 결혼이 당장 필요하진 않은 거 같아. 만약 아기가 갖고 싶다든지 하면 또 모르겠지만. 이번에 우리 언니가 결혼 준비하는 걸 보면서 저걸 도대체 어떻게 하지, 많이 생각하게 됐어. 결혼 준비가 힘들다는 건 위기의 남자가 더 잘 알겠지만, 준비하는 과정만으로 결혼을 무르고 싶다고 생각할 수도 있을 것 같아.

19금녀 맞아. 정작 당사자는 별 상관없는데, 상대편 엄마끼리 서로 자존심 상하게 하는 거 보면 지치겠더라고.

사랑꾼1 우리 집도 내가 생각했던 것보다 너무 많이 따지더라고. 그 사람의 가정 환경이나 부수적인 것에 대해서 나와는 판단하는 기준이 다르다는 것을 느꼈어. 내가 만약 지금 결혼한다고 말하면 분명 우리 집에서 남자 친구한테 상처 주는 말과 행동을 할 거야.

사랑꾼2 사실 타인만 개입하지 않으면 난 결혼이 무조건 행복할 수 있을 거 같아. 하지만 우리나라에서는 결혼이 개인 대 개인의 일이 아니라 집안 대 집안의 문제로 가니까 너무 의미가 퇴색되잖아. 예전에는 결혼을 생각하면 막연한 안락함이 먼저 떠올랐는데 실제로는 불안함이 더 커지니까 어쩌면 그 안락함마저 허황된 느낌일 수 있겠다 싶은 거지.

진행자 결혼 말고 다른 방식은 없을까? 어떤 면에서 지금 제도는 너무 복잡하고 불필요한 부분이 많은 거 같아. 유럽의 경우 동거도 법적 보호를 받는다고 들었거든.

사랑꾼1 아기는 낳기 싫은데 결혼은 하고 싶다는 친구가 있어. 그냥 계속 같이 살면 되지 왜 굳이 서류에 도장을 찍고 싶은지 이유를 물었더니, 그 사람이 자기 사람이라는 기록을 남기고 싶대.

진행자 조금 더 강력한 자물쇠 같은 거네. 하지만 위기남의 경우나 아까 19금녀의 친구 경우를 보면 모두 2년째가 고비잖아. 연인이나 부부나 헤어지는 게 그렇게 쉽다면 도장이 아무 효력이 없는 거잖아.

위기남 역시 신고를 하지 말았어야 했어.

진행자 그런 얘기가 아니잖아.

사랑꾼1 아무래도 거기서 오는 안심이 있나 봐.

19금녀 일종의 소유욕 같은 걸 수도 있고.

후반전 | Second Half

진행자 근데 둘이 되게 닮았다. 둘을 처음 봤을 때보다 외모가 점점 비슷해져 가.

사랑꾼2 좋아하면 닮는대.

진행자 아, 그러고 보니 우리 고모 부부가 생각난다. 고모는 해산물을 좋아하고 고모부는 고기를 좋아했대. 근데 같이 살면서 이제는 고모가 고기를 찾고, 고모부가 회를 시킨대. 그걸 보면서 좋아하면 닮는다는 게 어쩌면 내가 잘 몰랐던 부분을 상대를 통해 새로 경험하는 게 아닐까 생각하게 됐어. 사랑꾼 커플은 서로를 통해 새로 알게 된 게 있어?

사랑꾼2 그런 건 아주 사소하고 순간적인 느낌이어서 지금 딱 떠오르는 건 없지만 전체적으로 그 말에 동의해. 실제로 우린 여러 가지 면, 외향적인 것이나 생각하는 것, 행동하는 법 모두 다른데 거기에도 일정한 존중이 있고 믿음이 있어. 대화를 하면서 그런 것들이 쌓여가는 거 같아.

사랑꾼1 처음부터 통하는 게 있었던 거 같아. 만남을 시작하고 다음 날부터 아주 자연스럽게 같이 살고 있거든. 함께 지내면서 재미있는 일들을 하고, 또 서로 생각을 이야기하는 시간들이 좋아.

19금녀 아, 좋겠다…. 꽂히자마자 같이 사는 거 로망이잖아.

사랑꾼1 사실 누구랑 살아본 거 처음이야. 아무리 편한 사이여도 이삼 일 정도만 같이 있으면 불편해져서 먼저 자리를 피하거나 했거든.

사랑꾼2 지금 생각해보니까 만나자마자 같이 지냈던 게 신기하긴 하네. 근데 결혼이라는 강제성이 생기면 뭔가 두렵고 서로에게 의존적이거나 억지로 지켜야 할 일들이 생길 수도 있을 거 같은데, 그런 울타리가 없으니까 조금 더 편하고 자연스럽게 지내지 않나 싶어.

19금녀 그게 좀 대단한 거 같아. 같이 사는 건 한두 달 정도만 좋을 거 같고, 사실 혼자서 편하게 맥주 한 잔 하고 곯아떨어지고 싶은 날도 있는 거잖아.

사랑꾼2 맞아. 나는 얘가 대단하다고 느끼는 게 내가 집안일에 서툴고 시키지 않으면 스스로 잘하지 않는 부분이 많은데도 만나는 이유가 궁금했어.

사랑꾼1 어떻게 보면 결혼할 때 돈이 많다든지, 안정된 직장이 있다든지, 차가 있다든지, 집안일을 열심히 한다든지, 자상하다든지, 상대를 평가할 수 있는 요소가 많잖아. 하지만 다 갖춰져 있어도 분명 채워지지 못할 부분이 있다고 생각해. 사람이 완벽할 수는 없는 거니까. 그러니까 얘보다 더 좋은 놈은 없다고 속 편하게 생각하는 거지.

19금녀 아무리 조건이 다 맞아도 특히 여자는 그 사람과의 감정적 교류가 중요해서 정서적인 것에 영향을 많이 받는 거 같아. 상대가 너무 좋으면 조루여도 괜찮다는 거지.

진행자 훅 들어오네.

사랑꾼1 진짜 그 말이 맞아. 전에 1년 동안 만난 사람이 아예 못 할 때도 있었는데, 너무 좋으니까 그냥 만났었어.

진행자 그런데 저 친구(사랑꾼2) 앞에서 이런 얘기해도 돼?

사랑꾼1 응, 우린 다 하는데? 나는 내 삶에서 연애가 굉장히 중요해. 연애라기보다는 사랑이라는 말이 더 맞겠다. 굉장히 큰 부분인데, 그것만 쏙 빼놓고 대화할 수는 없는 거니까.

진행자 성적인 거?

사랑꾼1 아니, 성적인 거 말고도. 내가 남자친구한테 지난 일을 이야기한다면 분명 예전 사랑 얘기도 빠질 수 없다는 거지. 아무래도 부자연스러울 테니까.

진행자 그런데 보통은 지난 사람 얘기하지 말라고 하던데. 긁어 부스럼 만들 필요 없다고.

19금녀 아무래도 소유욕은 어쩔 수 없는 본능이어서 적당히 잘 조절하면 좋은 방향으로 이해되는데, 과하면 문제가 될 수도 있지.

사랑꾼1 나 같은 경우는 지난 사람들을 만났기 때문에 지금의 내 남자친구가 있는 거라고 생각해. 그래서 그의 전 애인들이 밉거나 하는 마음은 전혀 없고 오히려 고맙기까지 한 걸. 도리어 내가 먼저 전 여자친구 근황을 물어보기도 해.

사랑꾼2 전 여자친구 근황을 물어보는 게 신기했어.

진행자 진짜 독특하네. 음, 19금녀는 혼자여서 좋은 점이 있어?

19금녀 일단은 누구를 만나든 상관없고, 때때로 내 감정이 미친 듯 널뛰어도 아무도 또라이 같다고 말하지 않는 것. 술을 바가지로 퍼 마시든 몇 시에 들어가든 누굴 만나든 상관없다는 것. 혼자여서 좋은 점은 무수히 많아.

진행자 막 살아도 괜찮은 느낌이 있지. 근데 또 이기적인 게 내 마음대로 놀다가도 집에 들어가는 길에는 엄청난 외로움이 밀려와. 누군가 옆에 있었으면 좋겠다고 막 울지(웃음).

위기남 술 먹고 전화하는 건 남자들의 공통인 거 같아.

사랑꾼2 나는 이성의 끈을 놓아본 적이 없어서 패스.

진행자 잘 빠져나가네. 그럼 반면에 혼자여서 싫은 점은?

19금녀 요즘 난임이 많아. 주변에 유산하는 친구들도 많고. 그런 생각하면 빨리 결혼하고 싶다는 생각도 들지. 물론 혼자여서 편한 점이 많지만 나이를 먹을수록 문제될 일이 생길 거 같아서 걱정이 좀 되긴 해.

위기남 결혼 쉽지 않아.

19금녀 결혼에 대한 환상은 없는데, 일단 조건이 맞아야 할 거 같아. 나랑 같은 취미생활이나 미래에 대한 가치관을 공유할 것. 주변의 사례들을 봤을 때 현재를 즐기는 방식이 다르면 대개 실패하더라고. (위기남을 보며) 아, 미안. 일부러 쳐다본 건 아니야.

위기남 괜찮아. 유치해도 같이 공유할 수 있는 게 필요하다는 거지.

19금녀 경제력이고 뭐고 다 떠나서 나랑 가치관이 맞는 사람이랑 사는 게 첫 번째 조건이야.

진행자 지금 19금녀 나이에 그런 스무 살 무렵에나 할 순진한 마음을 갖는단 말이야? 하지만 현실적으로 경제력을 포기할 순 없는 거잖아.

위기남 남녀가 생각하는 경제력의 기준이 다를 순 있지.

19금녀 왜냐하면 그런 조건을 갖춘 사람이라고 무조건 행복할 수 없다는 걸 깨달았기 때문이야. 내가 진짜 하고 싶은 건 결혼이 아니라 좋아하는 사람과 현재를 즐기고, 미래를 함께 고민하는 일 그 자체라는 걸 이제는 알아. 사랑꾼들은 내 말을 이해할 것도 같아.

사랑꾼2 예를 들어 내가 아픔이라는 감정을 느꼈어. 혹은 반대로 기쁠 때도 마찬가지고. 함께 마주보고 식사를 할 수 있는 사람이 있다는 것. 대화를 나눌 수 있다는 것. 그런 기본적인 게 좋아. 우리가 함께 무슨 큰일을 해야 한다는 기대는 없는 거 같아.

사랑꾼1 사실 난 원래 완전한 독신주의자였어. 연애는 해도 결혼은 절대 안 하고 싶었거든. 연애는 끝이 있는 거잖아. 근데 한 사람이랑 평생 같이 지낸다는 것은 잘 상상 못 하겠거든.

19금녀 맞아, 지금 누군가를 선택해서 40년 동안 같이 살아야 한다는 거 조금 무서워. 한 번도 해본 적 없는 일이잖아.

사랑꾼2 나는 전에 3년간 만났던 친구와 결혼하고 싶다는 생각을 한 적 있어. 하지만 그걸 준비하는 과정이나 미래의 약속들이 불안정한데 어떻게 함께해. 하지만 지금 여자친구는 지금의 내 모습 그대로를 인정해주거든. 가령 나는 친구들하고 술을 마실 때도 연락도 잘 안 하는 성격인데, 그거까지도 이해해줘.

사랑꾼1 연락 진짜 안 해….

19금녀 (진짜 이해해주는 걸까?)

진행자 (남자가 쓰레기네….)

사랑꾼1 (웃음)나는 오히려 남자친구가 나를 위해 자신을 바꾸려고 하지 않아서 좋아. 처음부터 나는 이런 사람이니까 바뀔 수 없다고 선언했고, 나는 그게 좋아서 만난 거고. 사실 자기가 좋아하는 걸 하지 못해서 무너지면 그게 연인인 나에게도 돌아오는 거잖아. 거짓말하는 것보다는 솔직하게 자기가 하고 싶은 걸 했으면 해.

19금녀 남자들이 흔히들 '널 위해 바뀔게' 하고 말하는 경우가 있잖아. 예전에 만났던 남자도 비슷한 말을 한 적이 있어. 술을 많이 먹어야 하는 직업이어서 싫어했는데, 날 위해 하는 일을 바꾼다는 거야. 그런데 그 실패 과정을 보면서 원래 해오던 걸 바꾸는 일이 얼마나 위험하고 힘든지 알게 된 거지.

진행자 나도 종종 내가 좋아하는 사람을 위해서 바뀌려고 하는데, 그게 자연스럽지 않다고 느낄 때가 많아. 저녁 메뉴를 고르는데 그날따라 초밥이 너무 먹고 싶은 거야. 그런데 상대가 점심에 초밥을 먹었다고 하면, 그 순간만큼은 나 역시 초밥을 제일 싫어하는 사람이 되는 거지. 보고 싶어도 늘 상대방의 스케줄에 맞춰서 약속을 잡거나 하니까 정작 나는 '5분 대기조'인가? 생각할 때도 있었고.

사랑꾼1 그런데 멀리 보니까 상대를 위한 배려가 오히려 용기 있는 거야. 처음에는 내가 상대에게 너무 맞추는 거 아닌가 걱정할 수도 있지만, 결국 그게 상대를 항상 기분 좋은 상태로 만드는 거잖아. 그럼 덩달아 나도 같이 좋아지는 거지. 한번은 친구들을 만나고 잔뜩 취해서 돌아왔는데, 그 모습이 되게 즐거워 보였어. 그게 좋더라고. 나는 사실 이 아이의 연인이지만 모든 역할을 다 해줄 수 없잖아. 욕심이기도 하고. 친구들이 내가 하지 못하는 것을 채워줄 수 있다는 게 고맙더라고.

위기남 부럽다.

진행자 너무 밀당도 없는 상태 아니야? 사랑꾼1이 자꾸 간디의 얼굴과 겹쳐 보여.

19금녀 나는 아까부터 느낀 게 사랑꾼 둘의 관계가 어떤 확신에서 나올 수 있는 발언 같아. 보통의 남녀관계에서는 이해하기 힘든 부분도 있거든.

사랑꾼2 새해에 소원을 빌잖아. 가장 크게 빈 소원이 솔직하게 살고 싶다는 거였어. 이 친구도 나도 서로의 마음을 솔직하게 열고 자주 대화하려 해. 그게 다야.

19금녀 그런데 때로는 솔직한 것이 해가 될 때도 있어.

진행자 예를 들자면?

19금녀 2년 전쯤에 결혼을 하려고 도전한 적이 있는데, 막상 함께 내 공간에서 살려고 하니까 쓰레기 버리는 것, 숨 쉬는 것 하나까지 미워지는 거야. 왜 내가 치우게 만드는 건지, 왜 안 씻는지. 3일 동안 머리를 안 감더라고. 아마 자기 딴에는 솔직하고 자유로운 모습이었다고 생각했나 봐. 거기서 확 깼어.

진행자 머리는 감아야지. 그건 예의잖아.

19금녀 정말 사랑하면 3일 안 감아도 되긴 하는데….

진행자 아니야, 감아야 돼. 내가 짝사랑하는 사람이.

위기남 머리를 안 감아?

진행자 아니, 냄새에 민감해. 그 사실을 알고 나니까, 내가 남들보다 깔끔한 편인데도 불구하고 엄청 신경 쓰게 되더라고. 같이 있으면 하루에 양치를 여섯 번을 해. 혀 클리너 깊게 해서 맨날 토하고 피나고.

19금녀 단단히 빠졌네. 근데 슬슬 혀가 꼬여가는 거 같은데. 다들 괜찮아?

사랑꾼1 아니, 그보다 이게 《어라운드》에 나갈 수 있는 거야? 믿을 수 없어.

사랑꾼2 우리 어디까지 한 거야? 다 취한 거 같은데?

진행자 몰라, 망한 거 같아. 그래서 결론은 뭐냐? 사랑이 있기는 해?

19금녀 결혼은 미친 짓이다?

위기남 결혼은 미친 짓 아니고, 글쎄, 뭐랄까. 단순한 선택 중의 하나라고 할 수 있을 정도? 나는 다른 사람들에게 한번쯤 해보라고 권장하고 싶기는 한데, 똑같은 조건이어도 연애와 결혼의 마음상태가 분명 달라지는 상황이 생긴다는 것은 알아야 해. 아까 말한 모든 조건들도 다 중요하지만, 적어도 상대에 대한 가치를 가장 먼저 존중해야 한다는 것. 그게 제일 중요할 거 같다.

사랑꾼2 그래, 항상 끝은 교훈적이어야 제 맛이지.

0.00821918년 동안의 고독

닥터 베로 김형규의 코믹 프리즘

오랜만에 혼자가 되었습니다. 이 시간을 어떻게 보낼까 고민하다가, 만화책 속의 주인공들을 집으로 초대하기로 했습니다. '혼자'라는 이야기를 둔 하나의 프리즘Prism을 이야기합니다.

글 **김형규**

오늘 아내와 아들이 친구들과 함께 여행을 떠났습니다. 2박 3일의 짧은 일정이지만 결혼 후 이렇게 혼자 시간을 보내는 경우는 처음이라 얼떨떨하네요. 촘촘히 어떤 계획을 세우고 무슨 일을 하겠다는 것 없이 '그냥 뭐 자유를 느껴볼까?' 하는 기분으로 하루를 보냈어요. 우리 집 강아지 앙드레와 고양이 몽실이가 있기에 완벽히 혼자라는 생각은 들지 않았지만, 그래도 저쪽 침실에서 넷플릭스를 보면서 콧노래를 흥얼거리는 아내가 나를 부르며 "여보 잠깐만 와봐요!" 내지는 아들이 자기 방 이층침대에 쏙 올라가 만화책을 보면서 "아빠 물 좀 가져다주세요!"라는 소리가 환청처럼 들리는 듯합니다. 이렇게 혼자 거실 소파에 앉아서 빈둥거리고 과자도 와삭와삭 먹으며 부스러기를 주변에 흘리거나, 게임을 하다 옆에 툭 던져 놓아도, 아무도 저에게 뭐라고 하지 않으니 뭔가 평소와는 다르다는 생각이 들었습니다. 물론 사이사이 앙드레는 응가를 하고, 몽실이는 쉬야를 하고, 물고기들은 밥을 달라고 뻐끔거리기에 완전히 혼자만의 시간을 보내는 것은 아니지만, 그래도 이렇게 혼자 집을 지키고 있자니 조금 쓸쓸하고 외로워집니다. 그래서 아주 오랜만에 몇 명의 친구를 집에 초대했습니다. 이 친구들이 내 초대를 받고 집에 놀러 올지는 미지수지만, 그래도 이렇게 혼자 집을 지킬 때는 이 친구들이 가장 적격이라고 생각했습니다.

가장 처음 집 초인종을 누른 친구는 후루야 미노루 작가의 《두더지》에 나오는 스미다입니다. 앗, 스미다 군이 가장 먼저 오다니! 저도 놀랐네요. 스미다 군은 혼자 보트 가게를 운영하는 자퇴한 중3으로, 현재 자살했습니다. 만날 때마다 "저는요, 평생 누구에게도 피해를 주지 않겠다고 맹세해요. 그러니 제발 누구도 나에게 피해를 주지 않았으면 좋겠어요."라고 쓸쓸하게 웃으며 말하곤 합니다. "그럼 외롭지 않아?"라고 물어봐도 그는 이제 제발 상처받지 않고 철저히 혼자가 되고 싶다고 말하곤 하죠. 이 친구는 제목 그대로 땅속 두더지처럼 사람들의 눈에 띄지 않는 평범한 삶을 원하는 듯합니다. 하지만 저는 알고 있습니다. 그의 절망적인 상태를. 그가 절대로 평범하게 살지 못한다는 것을요. 사랑하는 애인과 눈이 맞아 도망가 버린 어머니와, 돈이 떨어지면 어슬렁거리며 나타나는 무기력한 채무자 아버지. 절대로 스미다는 평범하게 살 수 없습니다. 타인의 의지에 의해 혼자가 되었지만, 그가 진정으로 원하는 것은 자발적인 '혼자'가 되어 어느 누구에게도 상처받지 않는 것이죠. 매번 만날 때마다 "스미다! 너도 평범한 어른이 될 수 있어! 정말이야."라고 말을 건넵니다. 하지만 제 이야기가 그의 귀에 전달되지는 않는 듯합니다. 자신의 아버지를 살해한 후, 그는 인생의 목표를 바꾸었습니다. 1년 동안 덤으로 살아간다고 생각하고 그 사이에 진짜 나쁜 악인을 찾아 죽이겠다고요. 악인을 죽이고 자기도 자살하겠다는 목표를 세웁니다. 신발을 벗으며 집으로 들어오는 스미다의 몸에서 피곤에 찌든 땀내가 납니다. 아마도 악인을 찾아 계속 동네를 순찰하고 있나 보군요. "어때 나쁜 놈을 좀 찾았어?"라고 물어보면 이 친구는 "아니요, 아직 진짜 나쁜 놈을 찾지는 못했어요."라며 고개를 절레절레 흔듭니다. "괜찮아, 괜찮아. 이제 나쁜 놈들을 그만 찾아다녀. 날이 추워졌으니 따뜻한 코코아라도 마시고 샤워나 좀 하고 가라. 혼자 목욕을 하면 기분이 좋아질 거야." 말 없이 스미다는 피곤한 발을 질질 끌며 욕실로 들어갑니다. 휴우, 친구 한 명을 불렀는데 오히려 마음이 더 무거워지네요.

두 번째로 현관문을 두드린 친구는 《안녕이란 말도 없이》의 우에노 켄타로 작가님이시네요. 빈손으로 오셔도 되는데 음료수를 사가지고 오셨어요. 뭘 이런 걸 다 사 오시고. 우에노 켄타로 선생님의 아내분은 천식과 우울증을 앓고 있었는데 2011년 책 제목처럼 안녕이란 말도 없이 어느 날 거실에 엎드린 채로 세상을 떠나고 말았습니다. 그렇게 갑작스럽게 아내를 하늘나라로 보내고 세상의 의미를 잃어버린 한 남편. 장례식을 치르고 다시 일상으로 돌아가려고 발버둥 치는 그를, 나는 먼 거리에서 그저 바라보았습니다. 그가 공원의 한가운데에서 갑자기 울음을 터뜨리는 모습이나, 집에 돌아와서 아무도 대답하지 않아도 "다녀왔어."라고 말하며 아내에게 말하는 모습이나, 남겨진 동영상 속의 아내의 모습을 반복적으로 돌려보는 모습을 말이죠. 그때는 아무 말도 할 수 없었습니다. 제 위로가 아무런 도움이 되지 못한다고 생각했어요. 큰 아픔을 겪은 것을 알기에 처음 그를 만나고 제 마음이 너무 무거워졌습니다. 한동안 다시 그를 만나기가 두려웠습니다. 그렇게 마음속 깊은 바다의 바닥에 깊게 묻어놓았었습니다. 그의 존재를요. 그러다가 아주 잠깐이지만 혼자 시간을 보내다 보니 문득 그가 생각나서 어떻게 지내고 있는지 궁금증이 모락모락 피어올랐던 겁니다. 꽤 오랜만에 만나기에 조심스럽게 "잘 지내셨…죠?"라고 물어보았습니다. 그의 얼굴에서 일상에 지친 느낌이 역력하네요. 이분 그 사이에 많이 늙었네요…. 사랑하는 사람과 이별을 하거나, 사별을 한 후에 느끼는 외로움과 고독을 온몸으로 느끼고 표현한 작가님. 이별의 아픔 이후에도 계속 일상을 헤쳐 나가야 하기에 야키니쿠를 먹으며 힘을 내겠다는 한 남편이자 아빠를 다시 만난 것이죠. 오늘 혼자 있어 조금 쓸쓸했다고 하소연하기에는 너무 미안하네요. 여행을 간 아내와 아들이 보고 싶습니다. 우에노 켄타로 작가님에게는 몸의 피곤을 풀 수 있도록 안마의자를 내드렸습니다. 허어, 친구를 두 명이나 불렀는데 왠지 더 혼자인 느낌입니다.

세 번째로 문을 부수고 들어온 주인공은 지상 최강의 남자《원펀치맨》의 사이타마입니다. 아… 이 인간을 부를까 말까 고민했는데요, 문 열어주는 그 새를 못 기다리고 문을 부수고 들어왔네요. 스스로의 의지로 신의 힘을 가진 남자. 신이 깃들어 있는 육체를 가진 남자. 사이타마. 그에게 적수는 없습니다. 우주의 어떤 적이던 그에게 공포를 주는 라이벌은 없는 것이죠. 한 번의 주먹질이면 그는 승리합니다. 그는 항상 "취미로 히어로를 하고 있는 사람입니다."라고 말합니다. 그에게 절실함은 사라졌습니다. 그야말로 모든 것이 취미. 그가 느끼는 것은 고고한 천재가 느끼는 고독, 외로움일까요. 평범한 우리들이 느끼는 가슴 떨리는 흥분, 두려움, 공포, 용기를 그는 망각하고 말았습니다. 그는 우주 생태계의 정점에 섰습니다. 그래서 외롭죠.

© 고독한 미식가

"나는 최강의 남자. 그래서 어쨌는데? 허무해. 압도적인 힘이란 건 재미없는 법이야." 그래서 말이죠 그와 함께 플레이스테이션 게임을 하기로 했습니다. 제가 이길 수 있는 것은 몸을 직접 움직이는 현실 속의 싸움이 아니라, 게임 속 가상현실에서의 싸움인 것이죠! 사이타마 한 판 붙어볼까? 으핫핫핫, 너에게 두려움을 주겠다. 어라라라라? 내가 졌네요? 이런….

온다고 한 네 번째 주인공은《고독한 미식가》의 이노가시라 고로 아저씨입니다. 혼밥의 달인. 시간과 사회에 얽매이지 않고 행복하게 배를 채울 때 잠시 동안 제멋대로가 되고 자유로워진다는 고로 아저씨. 누구에게도 방해받지 않고 누구도 신경 쓰지 않으며, 음식을 먹는 고독한 행위. 캬! 이 행위야말로 현대인들에게 평등하게 주어진 최고의 치유 활동이라고 항상 말하는 그의 당당함이 멋지고 부럽습니다. 자발적인 고독한 즐거움. 물론 독신주의자이기에 더더군다나 고독하게 식사를 즐기시는 듯한데 말이죠. 오늘도 오라고 오라고 전화를 드렸더니 근처에 볼일이 있는데 일찍 끝나면 들르겠다고 해놓고 답이 없습니다. 하시는 일이 수입물품 유통업이기에 주문받은 일감이 어떠냐에 따라 변동이 많은 것은 알겠지만. 맨날 같이 밥 먹자고 전화해도 바쁘니까 다음에 먹자고 하고, 술 한잔 같이 하자고 해도 자기는 술 못한다고 우롱차를 드시면서 다음에 만나자고 하는데. 음. 고로 형님, 제가 형님 좋아하는 거 아시죠? 밥 먹을 때 제가 괴롭히지 않을 테니까 저랑 식사 한번 하시죠. 지금 전화를 해보니 받지 않으시는 걸 보니까 결국 형님은 안 오시려나 봅니다. 이 형은 맨날 안 와…. 역시 고독한 미식가이십니다.

오늘 저는 한 번 더 군중 속의 고독을 경험합니다. 외로움을 달래기 위해 친구들을 불렀지만, 왠지 더 혼자임을 느끼게 되었네요. 욕조 옆에 두었던 만화책과 안마의자 사이에 들어간 만화책, 게임기 옆의 만화책, 식탁 위의 만화책을 주섬주섬 정리합니다. 혼자 만화책을 펼치며 만났던 혼자인 주인공들. 그들과 함께 제가 느낀 혼자라는 시간은 비참한 고독이 아니라 감사함을 느끼는 혼자만의 시간이었습니다. 결국 우리는 모두 혼자이면서 혼자가 아닙니다. 외롭거나, 쓸쓸하거나, 고독하거나, 심심하거나, 혼자만의 시간을 보내고 싶을 때 저는 제 방으로 달려가 책장에서 만화책을 뽑아 듭니다. 페이지가 열리면, 그곳이 어느 곳일지라도, 언제나 그 자리에서 친구들을 만날 수 있습니다. 이래서 만화책을 사랑하지 않을 수 없다니까요. 아내와 아들이 돌아오면 그 사이에 읽은 만화책 이야기를 해주면서 꼭 안아주어야겠어요. 여러분도 가족 누구든지 좋습니다. 1분만 꼭 안아주세요. 와락. 따뜻한 무언가가 마음속을 채울 겁니다. 한번 해보세요. LOVE & PEACE, COMIC & PEACE.

닥터 베로를 찾아온
손님 목록

두더지
후루야 미노루 | 코믹스투데이

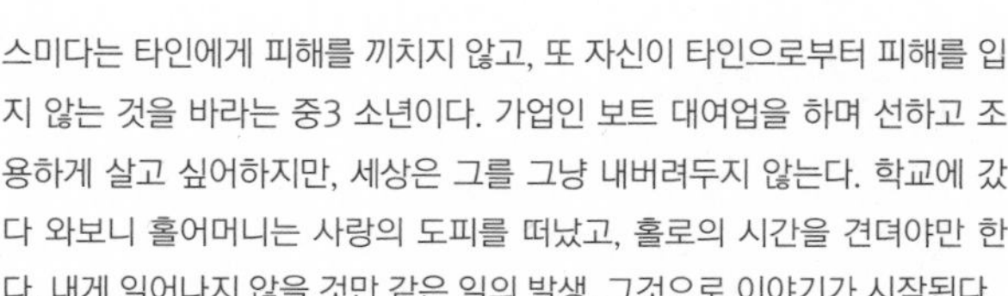
스미다는 타인에게 피해를 끼치지 않고, 또 자신이 타인으로부터 피해를 입지 않는 것을 바라는 중3 소년이다. 가업인 보트 대여업을 하며 선하고 조용하게 살고 싶어하지만, 세상은 그를 그냥 내버려두지 않는다. 학교에 갔다 와보니 홀어머니는 사랑의 도피를 떠났고, 홀로의 시간을 견뎌야만 한다. 내게 일어나지 않을 것만 같은 일의 발생, 그것으로 이야기가 시작된다.

안녕이란 말도 없이
우에노 켄타로 | 미우 출판사

《안녕이란 말도 없이》는 일본 개그 만화가 '우에노 켄타로' 작가가 아내의 죽음을 계기로 그린 작품이다. 갑작스러운 슬픔과 예기치 못한 슬픔의 수문이 열리고 그를 그만 잠식시키고 만다. 작고 소소하지만 매일의 빈틈을 메우는 가족의 행복을 들여다보며, 우리 곁으로 스쳐 간 수만 가지의 마지막들을 떠올리게 된다. 그게 마지막인 줄도 몰랐던, 진짜 마지막들을.

원펀맨
원작 ONE | 그림 뮤라타 유수케 | 대원씨아이

괴수들이 출몰하는 도시, 취미로 영웅의 일을 즐기는 사나이가 있다. 반짝이는 대머리에 맹한 얼굴, 조금 촌스러운 복장을 갖춘 '사이타마'는 좀처럼 소시민으로밖에 보이지 않지만 사실은 혹독하고 험난한 훈련을 거쳐 엄청난 힘을 손에 넣은 사람이다. 그 힘만 있다면 어떤 괴물이나 로봇도, 심지어 외계인까지도 주먹 한 방이면 거뜬하다.

고독한 미식가
다니구치 지로, 구스미 마사유키 | 이숲

도쿄와 오사카의 소박하고 오래된 식당을 돌아다니며 일본 고유의 음식을 맛보는 사내가 한 명 있다. 그는 언제나 홀로 자신의 식사 시간을 누리는 것을 사랑한다. 지극히 단순하고 일상적인 음식을 맛보며, 깊은 맛을 집중적으로 나타내어 많은 사람에게 사랑을 받았다. 모두의 평범한 일상의 맛있는 고독이 깃들기 시작한다.

Museum
für Gestaltung
Schaudepot
100 Jahre
Schweizer
Design
Neu
im Toni-Areal
Zürich
27.9.2014–
8.2.2015
GURSKY
K20
Düsseldorf

새소년

나는 새롭게 떠오른 외로움을 봐요

아침마다 서로에게 '오늘의 노래'를 추천해주는 친구가 있다. '나는 새롭게 떠오른 외로움을 봐요'는 그녀가 언젠가 나에게 보낸 노래다. "뭐라고 설명할 수 없는데, 되게 좋아." 새소년의 음악을 두고 어디선가는 '새소년스러운 음악'이라고 했다. '새소년스러움'에 대해 생각하다, 직접 질문을 던졌다.

에디터 **김혜원** 포토그래퍼 **Hae Ran** 장소 협조 **mk2**

나는 새롭게 떠오른 외로움을 봐요

00:03:49

눈을 뜬 오늘도 눈감을 일 없네
이 밤에 공기는 새로울 일 없네
아무도 눈뜨지 못하는 하늘에
여전히 하나는 저기 영롱하게

나는 새롭게 떠오른 외로움을 봐요
아침이 오면은 사라질 걸 알면서
아지랑이 피어오던 그 어느 밤에 앉아
다시 돌아갈 수 없는 그 꿈을 그려요

모르는 척 눈감을 수 없었던 건
나를 마주쳤기 때문이야
모르는 척 눈감을 수 없었던 건
너를 마주쳤기 때문이야

나는 새롭게 떠오른 외로움을 봐요
아침이 오면은 사라질 걸 알면서
아지랑이 피어오던 그 어느 밤에 앉아
다시 돌아갈 수 없는 그 꿈을 그려요

새소년은 황소윤(보컬, 기타), 강토(드럼), 문팬시(베이스)로 구성된 3인조 밴드다. 황소윤과 강토가 프로젝트로 시작한 밴드를 모태로 2015년에 결성되었으며, 2016년 문팬시가 합류하며 지금의 모습을 갖췄다. 결성 6개월 만에 음원도 발표하지 않은 상태에서 신한카드 펜타루키즈 결선에서 은상을 받으며 펜타포트 록 페스티벌 무대에 올랐다. 2017년 6월 데뷔 싱글 앨범 [긴 꿈]을 발표했고, 2017년 10월 첫 번째 EP [여름깃]을 선보였다. '나는 새롭게 떠오른 외로움을 봐요'는 [여름깃]의 첫 번째 트랙이자 타이틀 곡이다. 새소년은 이들이 우연히 본 오래된 잡지의 제목에서 따온 이름이지만, 새소년의 '새'는 '새로움'이나 '하늘을 나는 새'를 의미하기도 한다.

'나는 새롭게 떠오른 외로움을 봐요'를 줄여서 부르는 말이 있나요?
황소윤 네. '나새'라고 불러요.

그럼 저도 '나새'라고 부를게요. 첫 번째 EP의 1번 트랙이자 타이틀 곡이에요. '나새'를 새소년의 대표곡이라고 할 수 있을까요?
황소윤 곡마다 분위기가 달라서 대표곡이라고 꼽을 수 있는 게 없어요. 반대로 어떤 곡을 골라도 대표곡이 될 수 있다는 건데… '나새'가 대표곡이 될 수 있지 않을까 생각도 해요.

'나새'는 2015년에 소윤 씨가 직접 제작했던 데모 앨범 [16-19]에 수록되었던 곡이죠?
황소윤 [16-19]는 열여섯 살부터 열아홉 살까지 제가 만든 곡들을 담아 놓은 모음집 같은 거예요.

정확히 몇 살 때 쓴 곡이에요?
황소윤 열일곱? 열여덟? 정확하게 기억은 안 나요. 그냥 제가 집에 있는 시간도 많았고 워낙 외로움을 많이 탔어요. 아마 저희 집에 놀러 온 친구가 먼저 잠들고 나서 가사와 멜로디를 썼던 것 같아요.

그때 느낀 외로움은 어떤 건가요?
황소윤 주로 밤에 느끼는 공허함 같은 게 많았어요. 인간적인 외로움도 아니고 사랑이 고픈 것도 아니고, 그냥 텅 빈 것 같은 느낌. 밤에 잠을 잘 못 자기도 했고요. 다들 그런 시기가 있잖아요. '노잼시기'라고 말하는(웃음). 가사도 느꼈던 바를 그대로 적은 거예요. 새벽에 잠들지 못하는 것, 이 밤이 힘들어도 낮이 되면 다 없어지는 걸 안다, 이런 내용이에요.

새소년의 '나새'가 되며 달라진 부분이 있나요?
황소윤 제 데모 앨범 작업을 하며 강토 오빠를 처음 만났어요. 그 후 새소년을 만들게 됐고, 앨범 작업을 하기 전까지는 이전 버전으로 쭉 공연을 해왔죠. 데모 앨범 버전은 조금 더 거칠고 러프했어요.
강토 새롭게 녹음할 때 낡은 심벌 같은 것도 쓰고 옛날 드럼 세트도 쓰고, 사운드적인 시도를 많이 했어요.

새소년에 대해 검색하면 '새소년스러움'이라는 말이 많이 나와요. '새소년스러움'이라는 건 구체적으로 어떤 의미인가요?
황소윤 '새소년스러움'이라는 단어 자체는 밴드를 결성할 때부터 사용했던 말이에요. 밴드를 하다 보면 '우리는 이런 밴드입니다.' 하고 소개하는 글을 쓸 때가 많거든요. 저희가 가진 곡들의 장르로 '새소년'이라는 밴드를 소개할 수 없는 상황이었어요. '나새'나 '긴 꿈', '파도', 세 곡만 비교해 보더라도 완전히 다른 장르로 구분할 수 있거든요. "'얼터너티브 록', '인디 록' 등으로 우리를 규정할 수 있을까?" 그렇게 결정하는 순간 또 그런 노선을 밟아야 하잖아요. "최대한 규정하지 말고 넓은 영역 안에서 놀아보자." 그래서 그냥, '우리는 새소년스러운 음악을 합니다.'라고 했던 거예요.

곡들을 한 앨범에 담는 게 어렵진 않았나요?
황소윤 [여름깃]을 준비하면서 곡 간의 격차를 줄이는 작업을 많이 했어요. 들어보면 아시겠지만, 기타 사운드가 통일감이 있어요. 빈티지하고요. 중구난방인 것들을 최대한 한방으로 묶을 수 있는 작업을 했는데, 이전에는 격차가 더 심했어요.

곡 순서도 신경 쓴 것 같아요. 개인적으로는 한 곡씩 듣는 것보다 1번 트랙부터 6번 트랙까지 차례로 듣는 게 좋았어요. 6번 트랙 '새소년'이 에필로그 같은 느낌도 있고요.
황소윤 고민 많이 했어요. 같은 프로덕션을 이루고 있는 사람들끼리 순서를 적어서 내기도 했고요. 두 가지 포인트가 있어요. 첫 번째는 1번 트랙이 '나새'인 거예요. '나새'는 제 목소리나 악기들에 레이어가 많잖아요. 아름답기도 하고 서정적이기도 하고, 끝으로 갈수록 강렬해지기도 하고요. [여름깃]이라는 앨범의 포문을 열기에 가장 적합한 곡이라고 생각했어요. 그리고 5번 트랙 '파도'로 정점을 찍고 마지막 곡이 '새소년'인데요, 그게 두 번째 포인트예요. '파도'로 강렬하게 이어지다가 '우리는 이런 밴드입니다.' 하고 문을 닫는 거죠.

'나새'도 그렇고 가사에 '밤'이 들어간 곡이 많아요. 새소년에게 밤은 어떤 시간인가요?

황소윤 낮에 모은 영양분을 밤에 쓰는 느낌이에요. 낮에 본 것을 정리하는 거죠. 그래서 주로 밤에 작업해요. 밤에 느끼는 것도 많고요. 감정을 정리할 수 있는 시간이잖아요.

잠들지 못하는 밤에는 그럼 곡 작업을 하는 건가요?

강토 꼭 그런 것만은 아니에요. 저는 넷플릭스로 〈셜록〉이라는 영드(영국드라마)를 봅니다. 너무 재미있어요.

최근 외로움을 느낀 적은요? 외로움을 노래하는 가사잖아요.

문팬시 외로운 건 아니고 공허한 적은 있어요. 공연 끝나고 지하철 타고 집에 갈 때 '공연한 게 맞나?'라는 생각이 들어요. 잘했고, 즐겁게 인사하고 헤어졌는데 뭔가 후련하지 않다고 해야 하나? 어떻게 설명할지 모르겠어요. 아쉬움은 아니고 뭔가 복합적인 감정인데, 공허하다는 것에 가장 가까운 느낌인 거 같아요.

사람은 곁에 있는 사람의 영향을 많이 받잖아요. 곡을 쓰는 입장에서 소윤 씨에게 두 분이 어떤 영향을 주는지 궁금해요.

황소윤 둘에게 느끼는 게 조금 다른데, 일단 강토 오빠 같은 경우에는 제가 접하지 못했던 옛날 음악들을 많이 알고 있어요. 리듬이나 곡의 전개 부분에서 시도할 수 있는 영역이 넓어지는 것 같아요. 재완 오빠(문팬시)는 제가 신경 쓰지 못하는, 조금 더 디테일하고 전문적인 부분에 많은 도움을 줘요.

가사가 시 같아요. 가사를 쓸 때 단어의 의미를 고심하는 편인가요?

황소윤 엄청 신경 써요. 최대한 제 감정과 일치되는 것, 뻔하지 않은 단어를 선택하려고 많이 노력해요. '시적이다'라고 해주시는 표현들이, 제가 시적으로 써야지 했다기보다는, 그냥 제가 느낀 감정을 담아낼 수 있는 최대한의 표현을 사용하려고 하다 보니 그렇게 된 것 같아요.

'파도'에 등장하는 '달사람'은 어떤 사람이에요?

황소윤 '파도'라는 곡 자체가 제가 꾼 꿈을 배경으로 한 거예요. 춤을 추며 죽은 사람을 떠나보내는, 그런 모순적인 상황이었어요. 죽은 사람이 '달사람'이라는 인물이고, 그게 누군지는 나도 몰라요. '파도' 뮤직비디오와 배경이 같았어요. 바다가 있고 절벽이 있고 모래가 있는 공간, 모닥불 주위에서 사람들이 환희에 찬 춤을 추고 되게 큰 달이 떠 있었어요.

'나새' 뮤직비디오도 인상적이에요. 영화 〈베를린 천사의 시〉가 떠오르기도 하고요.

황소윤 뮤직비디오를 만들 때 대부분 제가 디렉팅을 하는 편이에요. 곡을 만들 때 떠오르는 이미지가 있어요, 항상. '긴 꿈'도 그렇고 '파도'도 그렇고요. '나새' 같은 경우에는 흑백에 예술 영화 느낌이었으면 좋겠다, 기묘하게 느껴졌으면 좋겠다고 생각했어요. '나새'라는 곡이 가사도 그렇지만, 악기가 들려주는 묘함이 있거든요. 그런 이야기를 감독님께 전달했더니 베를린에서 찍었으면 좋겠다고 하셔서, 갔죠.

제가 비슷하게 봤네요. 소윤 씨가 어떤 인물을 연기한 건가요?

황소윤 모르겠어요. 아마 감독님은 알겠지만, 저는 걸으라고 해서 걷고 가라고 해서 가고 쳐다보라고 해서 쳐다보고…(웃음). 그런데 외로움이 황소윤을 보는 내용이에요. 시점이 황소윤이 아니라, 〈베를린 천사의 시〉와 비슷하게 천사라고 할 수 있는 외로움이 황소윤을 보는 거죠. 그걸 생각하고 뮤직비디오를 보면 더 재미있을 거예요.

뮤직비디오를 찍으러 베를린까지 갔는데, 다른 분들은 등장하지 않아 아쉽지 않았어요?

문팬시 가려고 했는데, 다른 여러 사정이 있어서 못 갔어요.

세 분이 등장했으면 완전 다른 느낌의 뮤직비디오가 됐을 것 같아요.

강토 뮤직비디오 보니까 혼자 나오는 게 나았겠다 싶더라고요(웃음).

소윤 씨가 직접 만든 영상을 유튜브에서 봤는데, 소윤 씨는 어떤 형태든 기록에 능한 사람이라는 생각이 들었어요.

황소윤 제가 일기를 안 써요. 그래서 그런 기록들을 최대한 다른 매체를 통해서 하려고 노력하고, 좋아해요. 새소년의 앨범이나 활동 자체도 저의 기록이 되겠죠.

마지막 질문이에요. 새소년을 소개하는 글을 많이 쓴다고 했어요. 지금까지와 다른, 새로운 문장으로 새소년을 소개할 수 있을까요?

강토 처음 새소년을 시작할 때 그런 생각을 했어요. 다들 좋아하는 것도 다르고 아직 정리된 것 같지도 않은데, 뭔가 재미있는 게 나올 수 있겠다.

본인들이 할 수 있는 가장 재미있고 흥미로운 것을 하는 밴드라는 의미인가요?

황소윤 그리고 뭐랄까, 영화 같은 순간이 많았어요. 새소년의 역사나 지금까지 온 것이, 특정한 게 하나도 없었거든요. 앞으로 갈 날도 많지만, 그런 스토리가 가끔 되게 신기해요. 앞으로 어떻게 될지 아무도, 우리도 모르는 게 많아요. 그래서 재미있는 게 있지 않을까….

모르기 때문에 기대되고 재미있는?

황소윤 네. 어떻게 될지 진짜 몰라요(웃음).

"사람들은 다른 사람들의 열정에 끌리게 되어 있어. 자신이 잊은 걸 상기시켜 주니까." 〈라라랜드〉의 대사다. 열정을 착취당하는 사회에서 살다 보면 열정의 '열'만 들어도, '열정 같은 소리 하고 있네' 하며 냉소하게 된다. 하지만 그럼에도, 나도 모르게 끌리는 열정을 발견할 때가 있다. 자신들이 좋아하는 것, 재미있다고 느끼는 것을 하는 새소년을 볼 때 저 대사가 생각났다. 그리고 열정이라는 주머니에서 삐죽 튀어나온 빛나는 재능까지. 새소년은 이제 막 시작한 밴드다. 여러 질문을 던지고 돌아오던 길, 나는 앞으로 이들이 더욱 궁금해질 것 같다.

도구의 산책

Tobo Bag

토보백

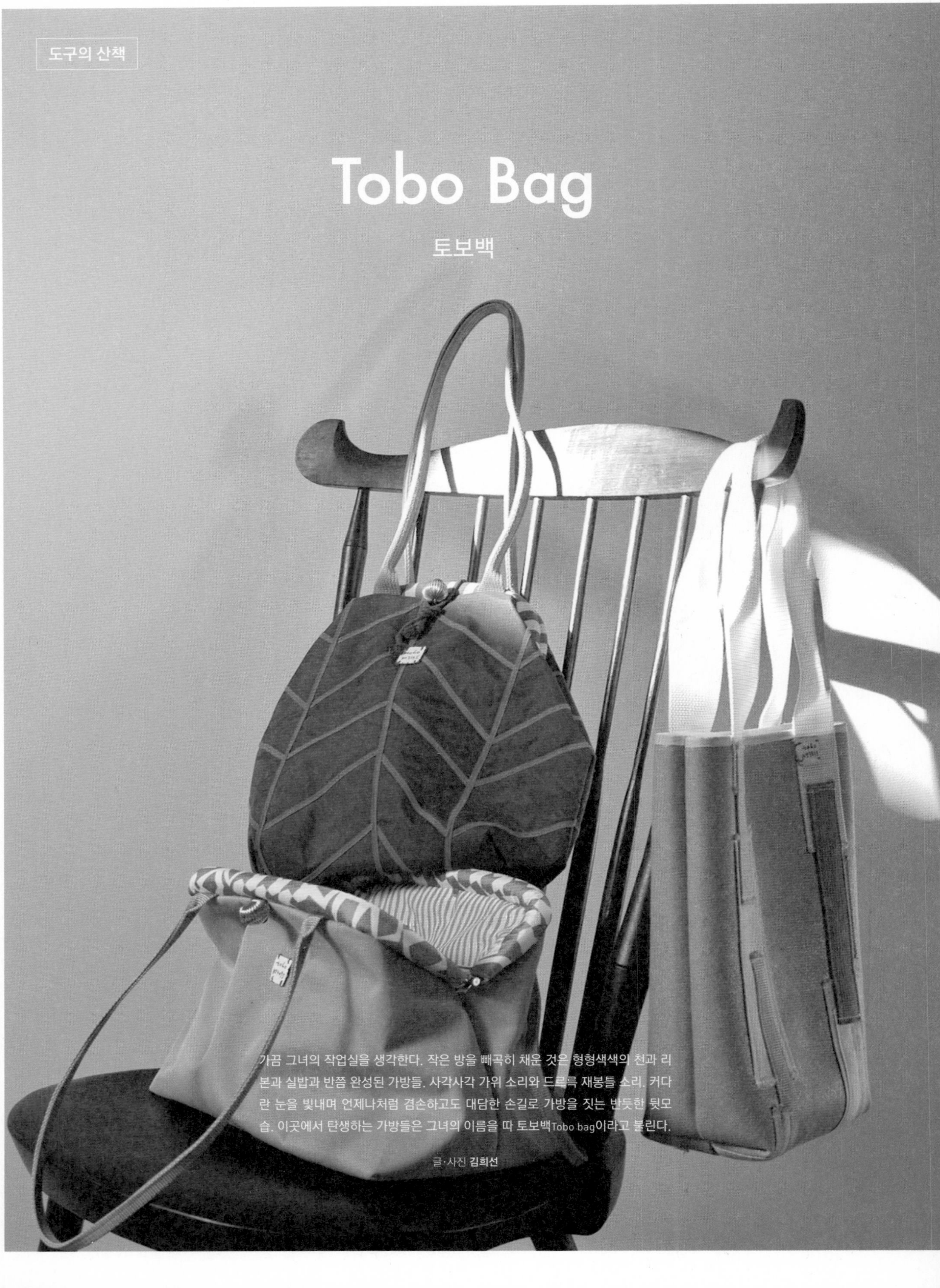

가끔 그녀의 작업실을 생각한다. 작은 방을 빼곡히 채운 것은 형형색색의 천과 리본과 실밥과 반쯤 완성된 가방들. 사각사각 가위 소리와 드르륵 재봉틀 소리. 커다란 눈을 빛내며 언제나처럼 겸손하고도 대담한 손길로 가방을 짓는 반듯한 뒷모습. 이곳에서 탄생하는 가방들은 그녀의 이름을 따 토보백Tobo bag이라고 불린다.

글·사진 **김희선**

토보와의 만남

우리는 2012년 6월 도쿄에서 처음 만났다. 정신없는 시부야 거리 풍경과는 달리 '시애틀의 응접실'이란 카페는 제법 여유롭고 아늑했다. "당신의 가방을 우연히 알게 되어 즐겁게 사용하고 있습니다. 사람들이 자꾸만 물어봐요. 이 귀여운 백은 뭐냐고, 어디에서 구했느냐고." 이런 팬레터를 보낸 우리를 그녀는 선뜻 만나주었다. 약속 장소에 먼저 도착해서 조금 긴장되는 마음을 진정시키는 사이 핸드 카트에 커다란 짐가방을 매단 그녀가 나타났다. 그 안에는 한국에서 찾아온 우리에게 보여주기 위해 최선을 다해 싸 왔을 그녀의 작업물이 가득 들어 있었다. 하나하나 다르고 또 아름다운 컬러의 백들을 꺼내보며 사탕 가게의 어린이처럼 환호성을 지르는 우리 테이블에는 어느새 카페의 종업원도 합세해 있었다. 어떤 계산도 해석도 필요 없이 눈에서 마음으로 바로 오는 즐거움. 그건 봄에 흐드러지게 피어난 꽃송이들을 보았을 때나 공들여 구운 디저트로 가득한 진열장을 마주했을 때의 기쁨 같은 것이었다. 정작 그 색들을 엮은 주인공은 무채색 계열의 단정한 옷을 입고 있었다. 단정한 것은 옷차림뿐이 아니었다. 이후 5년간 지켜본 그녀는 햇빛에 잘 말려 곱게 개어놓은 수건처럼 반듯하고 다정한 사람. 주문한 음식이 나오면 각자의 접시에 솜씨 있게 덜어주고, 식사가 끝나갈 무렵에는 음식을 남기지 않도록 배려한다. 가방 안에는 우산이나 여분의 가방이 준비되어 필요할 때 척척 꺼내준다. 그러면서도 늘 센스 있는 농담을 건네는 명랑함, 산낙지부터 육회까지 용감하게 시도하는 모험심과 호기심으로 가득하다. 이런 품성과 태도가 고스란히 투영된 그녀의 작업에는, 발랄하고 개성 있는 컬러 조합과 물건이 흐트러지지 않고 늘 단정하게 유지되는 형태, 이런저런 쓰임새를 세심하게 배려한 디테일, 그리고 한결같이 완벽한 마감이 공존한다. 돌이켜보면 토보백이라는 사물과의 만남은 토보라는 사람과의 만남과 정확히 일치해왔다.

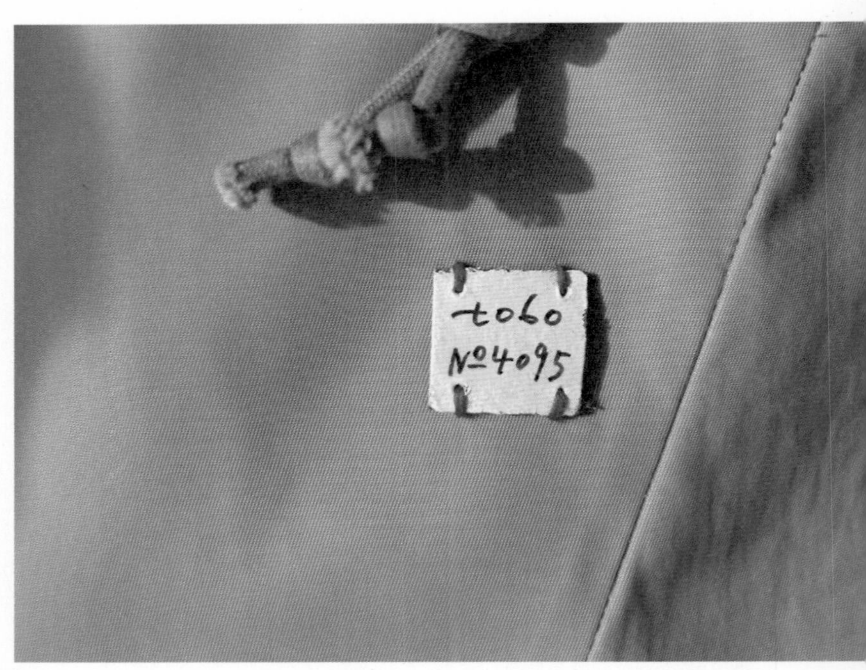

혼자 짓는 시

2245, 2410, 2970, 3848, 4095, 4347. 그동안 모아온 토보백의 일련번호다. 이 번호는 가방이 완성되는 시점에 순차적으로 부여되어 손으로 쓴 태그와 함께 부착된다. 현재 그녀의 작업실에서는 4496번째 가방이 완성을 기다리고 있다. 직접 가보진 못했지만 여러 차례 이야기를 들으며 상상해온 그 작업실에는 아마 라디오의 음악이 작은 볼륨으로 흐르고 있을 것이다. 멋들어진 인테리어나 최신 시설은 하나도 없다. 어시스턴트 한 명 정도는 있으면 좋겠다 싶지만 철저히 혼자 작업한다. 최소한의 동선으로 모든 것을 할 수 있도록 정돈된 방과 오랜 시간 길들여진 재봉틀 대면 충분하다고 여긴다. 사실 제법 친해진 몇 년 전 여름에는 양산에 대해 조심스럽게 건의하기도 했다. 더 많은 수량을 더 효율적으로 만들고, 생산 시스템과 마케팅을 도입하여 성장의 단계를 밟아가는 것은 어떨까? 그녀가 써 내려가는 이야기가 드라마의 대본이나 영화 시나리오라면 서브 작가들과 팀을 이루거나 리서치를 위한 연구생을 두어 더 길고 풍성한 흥행작을 만들 수도 있을 것이다. 하지만 여섯 개의 토보백과 인연을 맺은 지금, 그녀의 작업은 단어 하나하나를 공들여 고르고 배치한 시에 가깝다는 것을 깨닫게 된다. 그 시가 빛나는 것은 온전히 자신을 담고 있기 때문일 것이다.

독백이 대화가 될 때

나는 스스로의 시간을, 마음을, 생각을 고스란히 작업으로 치환하는 사람들을 제법 알고 있다. 혼자 작업하는 플로리스트, 식재료 준비부터 서빙까지 모두 담당하는 셰프, 작은 공방을 꾸리는 목수, 자신의 이름으로 레이블을 만든 패션 디자이너. 스스로 질문하고 스스로 답변하며, 때로는 영수증 더미와 서툰 세무 업무에 시달리고, 망설이고 고민하면서도 하나의 작고 명료한 점으로 남기를 선택한 사람들. 2 다음에 4, 그리고 16이나 400을 달성하는 것은 환호받을 만한 일이다. 하지만 4496번 다음엔 틀림없이 4497번째 토보백이 만들어질 것이고, 지금 마주한 이 꽃다발이, 음식이, 가구가, 옷이 추상적인 브랜드가 아니라 살아 숨쉬는 저 사람의 틀림없는 일부임을 확인할 때의 안도감은 성장의 논리로 대체할 수 없는 기쁨과 신뢰를 준다. 혼자가 되어 정직하게 일군 작업을 서로에게 건넬 때, 독백이 대화가 되고, 점들이 별자리를 이루는 순간을 나는 무척 좋아한다.

토보 유코当房 優子

2000년부터 활동하고 있는 일본의 패브릭 아티스트다. 다양한 컬러 조합과 독특한 형태의 백 시리즈를 선보이는 한편, 잡지와 서적을 위한 촬영 소품 오브제를 제작하고 있다. 아트 서점인 NADiff, 미토예술관, 우에노 로열 뮤지엄 갤러리, 카나자와 21세기 미술관, 일본 각 지역의 주요 편집숍에서 전시와 페어를 진행하고 있다. 2018년 2월과 3월에 걸쳐 다이칸야마 츠타야에서 판매전과 워크숍이 진행되며 새로운 책의 출판을 앞두고 있다.

MOVIE 〈올 이즈 로스트〉, 〈바베트의 만찬〉

WHAT BARBBETE SAID

바베트가 말한 것

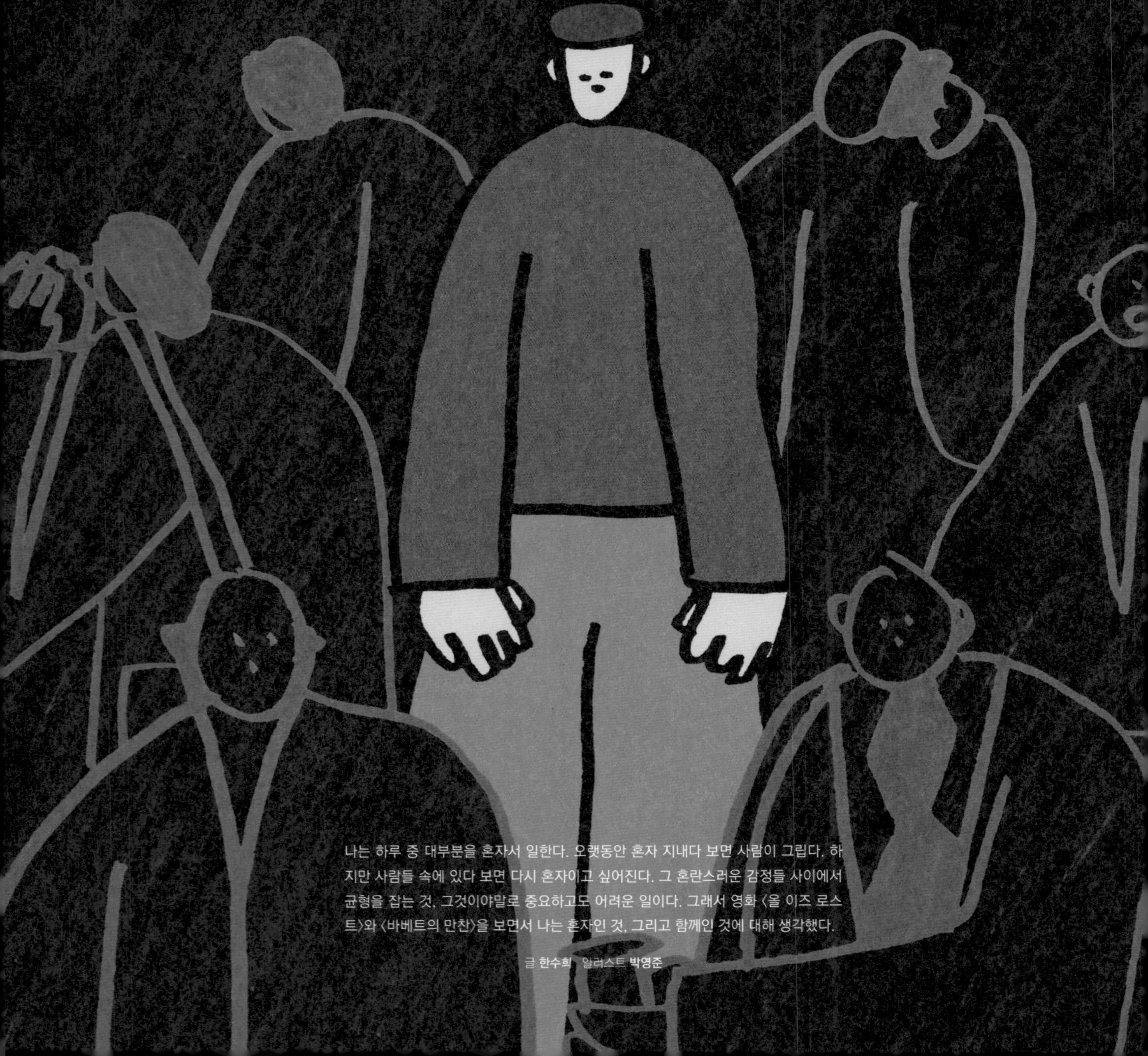

나는 하루 중 대부분을 혼자서 일한다. 오랫동안 혼자 지내다 보면 사람이 그립다. 하지만 사람들 속에 있다 보면 다시 혼자이고 싶어진다. 그 혼란스러운 감정들 사이에서 균형을 잡는 것. 그것이야말로 중요하고도 어려운 일이다. 그래서 영화 〈올 이즈 로스트〉와 〈바베트의 만찬〉을 보면서 나는 혼자인 것, 그리고 함께인 것에 대해 생각했다.

글 **한수희** 일러스트 **박영준**

사람들이 글 쓰는 게 힘들지 않느냐고 물을 때가 있는데, 그럴 때마다 나는 대답한다. "무슨 말씀! 회사 다니는 것보다는 쉬워요." 물론 이 일에도 어려움이 없는 것은 아니다. 하지만 내가 대문호도 아니고 대하소설을 쓰고 있는 것도 아닌데 어렵다고 징징대기도 멋쩍은 노릇이다. 내 기준에서는 실은 회사에 다니는 일이 글 쓰는 일보다 몇 배는 더 힘들다. 회사 생활이라는 것은 사람의 진을 있는 대로, 전방위로 빼놓는 것이 아니던가. 그리하여 어느 순간에는 필연적으로 회사라는 곳 자체를 증오하게 되어 있다.

회사에 다니지 않는다는 것, 매일 만원버스와 지옥철에 시달리지 않아도 좋다는 것, 반드시 하지 않으면 안 되는 일이 그렇게 많지 않다는 것, 내 리듬대로 하루를 꾸려갈 수 있다는 것, 집에서 내 입맛에 맞는 밥을 먹을 수 있다는 것, 만나고 싶지 않은 사람은 만나지 않아도 좋다는 것, 누군가로부터 마감이나 실적 압박을 받지 않는다는 것(일을 하고 있는 이상 아예 안 받는 건 아니지만), 화장이나 옷차림에 신경 쓰지 않아도 좋다는 것 등등 회사에 다니지 않아서 좋은 점은 정말로 많다. 하지만 언제나 좋은 점은 나쁜 점과 등을 맞대고 있기 마련이다.

회사에 다니지 않아서 요즘 가장 크게 느끼는 애로사항은 바로 동료가 없다는 점이다. 동료가 없으니 커피를 마시며 함께 회사나 다른 누군가의 험담을 할 수 있는 사람도, 내가 뭘 잘하거나 또는 못하고 있는지 칭찬해주거나 지적해줄 사람도 없다. 회식 자리에서 술에 취해 주정을 늘어놓을 사람도 없다. 슬프다.

기질적으로 나는 혼자 일하고 혼자 노는 것이 잘 맞는 타입이다. 사실 혼자일 때가 가장 편하고 가끔은 가족조차 귀찮다. 그렇다고 내게 다른 사람이 필요하지 않다는 이야기는 아니다. 혼자 있어도 누군가가 가까이에 있다는 느낌이, 그들의 온기가 필요하다. 사람들이 홀로 카페에서 일하기를 좋아하는 이유도 바로 그 때문인지 모르겠다. 누군가가 필요한 것은 아니지만, 누군가의 온기는 필요하기에.

J.C. 챈더의 영화 〈올 이즈 로스트〉는 처음부터 끝까지 단 한 사람, 로버트 레드포드만이 등장하는 영화다. 영화는 말 그대로 '노인과 바다'다. 한 노인이 바다 한가운데에서 조난당한다. 그의 배는 이미 가라앉고 있다. 노인은 절절한 목소리로 고백한다. 나는 최선을 다했다. 하지만 실패했고, 이제 모든 걸 잃었다. All is lost. 그리고 이야기는 8일 전으로 돌아간다.

홀로 항해 중이던 노인의 작은 요트는 표류하던 컨테이너 박스에 부딪혀 구멍이 뚫린다. 배 안으로 바닷물이 들어차기 시작한다. 노인은 물에 젖은 물건들을 갑판 위로 끄집어내고 선실에 찬 물을 퍼내고 구멍 난 부분을 막는다. 그리고 저 멀리서 불어오는 태풍 속으로 배를 몰아간다. 불평하지도, 절망하지도 않은 채 그는 젖은 물건들 중에서 쓸 만한 것들을 골라내고 작은 거울을 들여다보며 면도를 하고 파도에 휩쓸리다 다친 상처를 치료한다. 그렇게 그는 최선을 다한다. 정말이지 최선을 다한다. 하지만 자연의 힘에 맞

서기에는 역부족이다. 아무리 싸워도 그는 이길 수가 없다. 요트는 비바람과 파도를 견뎌내지 못하고, 태풍과 사투를 벌이던 그는 별 수 없이 요트를 버리고 작은 구명정에 몸을 싣는다.

배를 버리면서 그의 처지는 지금까지와는 완전히 달라진다. 이제 그는 어디로도 갈 수 없다. 누군가가 자신을 발견할 때까지 할 수 있는 게 없다. 그의 운명은 다른 누군가의 손에, 또는 신의 손에 있다. 이제부터는 기다리는 수밖에 없는 것이다. 그런 그의 절망을 비웃듯 바다는 아름답다. 이 바다가 삶의 터전인 물고기들은 떼를 이루어 그의 주변을 유유히 몰려다닌다. 오직 그만이 혼자다. 그만이 외톨이인 채로 이 질서의 바깥에서 죽음을 기다리고 있다. 노인에게는 과거도 미래도 없다. 그가 왜 홀로 요트를 타고 항해 중인지, 그는 어떤 사람이었는지, 그에게는 어떤 관계들이 있는지 영화는 아무런 설명도 해주지 않는다. 오직 속수무책으로 밀려드는 바닷물 같은 현실이 있을 뿐이다. 그리고 노인은 어떤 수사도 없이 자신의 육체로만 싸워나간다.

나는 이렇게 육체를 통해서 하는 이야기를 좋아한다. 언제나 육체의 고통은 정신의 고통이며, 정신의 고통은 육체의 고통이기 때문이다. 그 두 가지가 분리되어 있다고 믿지 않기 때문이다. 그것은 이를테면, 혼자라는 사실에 대해 느끼는 공포와 마실 물이 없어 목이 타는 고통을 같은 선상에 놓는 것이다. 아무것도 할 수 없는 상황에서 아무것도 하지 않는 것이 아니라, 그럼에도 몸을 일으켜 해야만 하는 일을 빠짐없이 하는 것이다.

이 영화는 많은 부분에서 알폰소 쿠아론의 〈그래비티〉를 떠올리게 한다. 사실 배경이 우주이건, 바다이건, 대도시이건 상관없다. 이 이야기들은 사람이 어떻게 혼자가 되고 모든 것을 잃어가고 절망하는지, 또 어떻게 다시 삶 속으로 돌아가는지에 관한 것이기 때문이다.

표류하던 노인이 끝내 모든 것을 포기하고 구명정에 불을 지른 후 바닷속으로 가라앉을 때, 자신의 운명이 여기까지라는 것을 담담히 받아들였을 때, 저기 저 멀리 수면 위로 불빛이 보인다. 그를 찾으러 온 사람들의 불빛이다. 그 불빛에 힘을 얻어 노인은 다시 헤엄쳐 올라간다. 곧 구원처럼 손 하나가 나타나고, 노인은 그 손을 힘껏 움켜쥔다.

결국 이 영화는 사람은 다른 누군가의 손을 잡지 않으면 살아갈 수 없다는 이야기를 하려 했던 것이리라. 사람은 다른 사람들과 어울려서, 그들에게 도움을 주고 또 그들에게 도움을 받으면서 살아가야 한다. 번거롭고 불편하더라도 어쩔 수가 없다. 하지만 사람은 그렇게 아름다운 존재만은 아니기에 종종 내 곁에 누군가가 있다는 사실 자체가 고통이 되기도 한다. 함께 있으면서도 혼자일 수 있고, 혼자이면서도 함께일 수 있는 여유와 현명함을 갖고 싶다. 하지만 그건 정말 어려운 일인 것만 같다.

덴마크 영화 〈바베트의 만찬〉에는 척박한 마을에서 살아가는 신실한 노자매가 등장한다. 거친 바다 곁 나무 한 그루 제대로 자라지 못하는 황량한 초원의 작은 마을 사람들은 마른 빵에 맥주를 넣어 끓인 죽과 말린 생선을 넣어 끓인 수프만 먹으며 살아간다. 필리파와 마르티나 자매는 존경받는 마을 목사의 딸로, 목사가 세상을 떠난 뒤에도 결혼하지 않고 가난하게 살면서 어려운 이들을 돕는다. 사람들은 이 생기 없고 힘겨운 삶을 버텨내기 위해 종교에 깊이 의지한다.
어느 날 자매에게 한 프랑스 여자가 나타난다. 오래전 이 마을에 머문 적 있는 프랑스 가수의 편지를 들고 온 그녀의 이름은 바베트로, 내전 때 남편과 아들을 잃고 오갈 데 없는 처지라고 했다. 그때부터 바베트는 자매의 집에서 요리와 집안일을 도맡게 된다. 성실한 바베트는 들판에서 자라는 야생 허브를 뜯어 수프에 넣고, 생선을 싸게 사서 남긴 돈으로 약간의 베이컨을 사서 늘 먹던 요리에 맛을 더해 사람들을 기쁘게 한다. 그녀는 마을 사람들이 살아온 방식을 바꾸려 하지도 않고 자신을 완전히 지우지도 않은 채, 14년 동안 묵묵히 일한다.
어느 날 바베트는 프랑스에서 사두었던 복권이 당첨되었다는 편지를 받는다. 이제 그녀는 부자가 되었다. 바베트는 지금껏 자신을 거둬준 자매와 마을 사람들에게 보답하는 차원에서 돌아가신 목사의 탄생 기념 만찬일에 프랑스식 만찬을 대접하게 해달라고 부탁한다. 곧 마을에는 살아있는 거북이와 닭부터 소의 머리, 과일, 샴페인과 와인, 얼음까지 프랑스에서 공수해온 각종 진기하고 값비싼 음식 재료들이 도착한다. 사람들은 슬슬 불안해진다. 바베트가 가져온 것들이 우리가 애써 지켜온 삶의 틀을 무너뜨리지는 않을까. 절제와 금욕의 소중함을 잊게 되는 것은 아닐까. 그리하여 그들은 바베트 몰래 다짐하는 것이다. 이 두려운 향락에 물들지 않기 위해 다들 힘을 모으자고. 바베트가 차린 식사를 먹기는 하되 그에 대해서 어떤 감상도 이야기하지 말자고.
바베트는 프로페셔널하게 만찬을 차려낸다. 모든 것이 완벽하다. 잘 다림질한 새하얀 테이블보와 은촛대, 아름다운 식기들. 최고급 샴페인과 거북이 수프와 끝없이 이어지는 진미들. 이 요리들은 거칠고 소박한 식사에 만족하며 살아온 마을 사람들이 꿈에서조차 본 적 없는 것들이다. 그들은 감탄사를 내뱉지 않기 위해 최선을 다하며 열심히 식사를 마친다. 그러는 사이에 신의 힘으로도 막을 길 없던 그들 사이의 오랜 불화는 즐거움으로 누그러진다. 집으로 돌아가는 마을 사람들의 얼굴에는 전에 없던 만족감과 행복이 가득하다. 골목으로 나온 사람들은 손을 맞잡고 삶을 찬양한다.
자매는 바베트가 프랑스로 돌아갈 것이라고 생각했지만 바베트는 그녀들에게 고백한다. 돌아갈 수 없다고. 이 만찬을 준비하느라 당첨금을 남김없이 다 써버렸다고. 자매는 충격을 받는다. "바베트, 이제 다시 가난하게 살아야 하잖아!" 그러자 바베트는 이렇게 답한다.

"예술가는 가난하지 않아요."

그녀의 이 한마디는, 만찬이 성공적으로 마무리된 뒤 영광스러운 피로를 월계관처럼 걸치고 부뚜막에 앉아 커피를 마시던 그녀의 모습과 겹친다. 그리하여 우리는 이해할 수 있게 되는 것이다. 삶이 어떻게 예술이 되는지를. 부와 가난이란 무엇인지를. 사람은 어떤 것을 통해 살아 있다고 느끼는지를. 우리는 어떤 것을 끝까지 지켜내야 하는지를. 바베트는 또 이렇게 덧붙였다.

"최선을 다하면 다른 사람들을 행복하게 만들 수 있지요. '예술가의 마음속 외침이 온 세상을 울린다. 내가 최선을 다할 수 있게끔 나에게 휴가를 다오.'"

바베트야말로 함께 있으면서도 혼자일 줄 아는 사람인 것 같다. 그리고 또 혼자이면서도 함께일 줄 아는 사람인 것 같다. 그것이 파리의 유명한 요리사였던 그녀가 타국의 척박한 마을에서 오랜 세월 이름 없이 살아가면서도 변함없이 당당했던 이유일 것이다. 그녀에게는 자신만의 예술이 있었기에. 그녀의 삶 자체가 바로 예술이었기에. 누가 인정하든 아니든 상관없이.
가끔 그런 생각을 한다. 우리에게 내적인 삶이 없다면 이 잔인하기 짝이 없는 외적인 삶을 어떻게 견뎌낼 수 있을까. 그러니 가난하지만 가난하지 않은 삶의 예술가가 된다는 것, 혼자이면서 함께일 수 있고 함께이면서도 혼자일 수 있는 것은 바로 우리의 내적인 삶이 얼마나 견고한지에 달려 있는 건지도 모르겠다.

올 이즈 로스트 ALL IS LOST
J.C.챈더 | 액션, 모험 | 미국 | 106분

인도양에서 요트를 타고 여유롭게 항해를 하던 주인공은 선적 컨테이너와 충돌을 하고 생존하기 위해 홀로 고군분투하게 된다. 거대한 폭풍우와 상어의 출몰, 식량 부족과 끝없는 외로움. 혼자 남은 그는 어떤 미래를 맞이할까. 홀로 살아가는 고군분투기를 보여준다.

바베트의 만찬 Babette's Feast
가브리엘 악셀 | 드라마 | 덴마크 | 102분

덴마크의 어느 작은 바닷가 마을에는 신앙과 봉사를 삶의 한 부분으로 여기며 살아가는 자매가 있었다. 지난날의 사랑과 추억이 깃든 과거를 회상하며 지내던 어느 날, 바베트라는 여인이 찾아온다. 엄청난 행운과 함께 복권에 당첨된 그녀는 최고의 만찬을 준비하려 한다.

HELLO, PEERS!

어떤 이름에게

박선아 | 안그라픽스

박선아는 자신의 경험을 바탕으로 누구나 공감할 수 있는 글을 쓴다. 《어떤 이름에게》는 박선아가 여행지에 머물면서 쓴 책으로 한 권은 흑백 사진이 담긴 서간집, 한 권은 컬러 사진이 담긴 엽서집으로 구성됐다. 글을 읽다 보면 주변의 누군가를 가만히 떠올리게 된다.

H. agbook.co.kr

늘 괜찮다 말하는 당신에게

정여울 | 민음사

정여울 문학평론가는 사람들과 거리가 가까운 소설 주인공을 통해 자신의 치유 경험을 솔직하게 들려준다. 자신의 어린 시절 트라우마를 이겨내기 위해 적용해 온 심리한 이론을 문학의 결로 다시 풀어낸다. 그리고 이 과정에서 사람들 마음속 깊숙이 숨겨둔 기억들이 위로를 받는다.

H. minumsa.com

나는 가드너입니다

박원순 | 민음사

푸름을 보는 것만으로도 겨우내 시름을 잊을 수 있다. 에버랜드 가드너가 되어 사계절의 선명한 색깔을 풀과 꽃, 나무로 표현하며 정원의 결을 조용히 지켰다. 그가 경험한 아름다운 정원의 이야기를 생생한 사진과 함께 수필로 엮었다. 그의 정원으로 모일 시간이다.

H. minumsa.com

15도

김하나 | 청림출판

같은 풍경을 보면서도 다른 곳을 가리키는 사람이 있다. 브랜드라이터이자 칼럼니스트인 김하나는 일상에서 이상을 발견하는 데 특별한 재능이 있는 사람이다. 그리고 《15도》는 우리가 일상을 15도 정도 기울여서 볼 수 있도록 도와주는 책이다.

H. chungrim.com

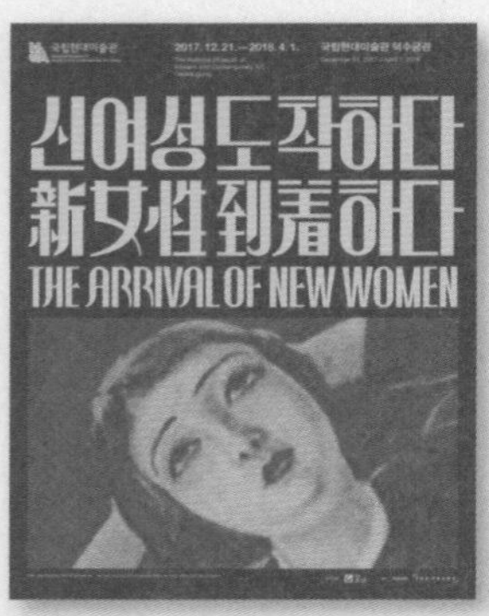

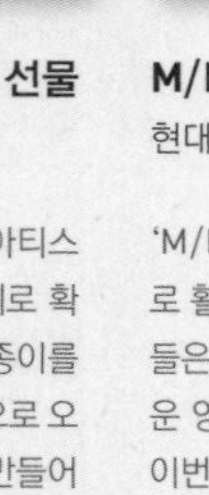

신여성 도착하다

국립현대미술관 덕수궁관

"기생도 아니고 여학생도 아닌 애매스런 녀자"로 불리던 '신여성新女性'. 〈신여성 도착하다〉는 근대기 시각 문화(회화, 조각, 자수, 사진, 인쇄 미술)를 통해 신여성을 조명한 전시다. 역사, 문화, 미술의 근대성을 남성이 아닌 여성을 통해 가시화한다.

A. 서울시 중구 세종대로 99
H. mmca.go.kr
O. 2018년 4월 1일까지

Paper, Present: 너를 위한 선물

대림미술관

일상의 소재인 종이가 세계적인 아티스트들의 손길을 거쳐 감성적인 매체로 확장되는 과정을 소개하는 전시다. 종이를 접어 만든 대형 설치 작품부터, 손으로 오려낸 종이 틈 사이로 비치는 빛이 만들어 낸 그림자까지, 아티스트 열 명의 아름다운 작품을 만날 수 있다.

A. 서울시 종로구 자하문로4길 21
H. daelimmuseum.org
O. 2018년 5월 27일까지

M/M 사랑/사랑

현대카드 스토리지

'M/M (Paris)'는 프랑스 파리를 베이스로 활동하는 그래픽 디자이너 듀오다. 그들은 음악과 패션, 미술, 영화 등 다채로운 영역에서 자신들의 능력을 발휘한다. 이번 전시는 M/M (Paris)의 국내 첫 단독 전시로, 드로잉과 포스터, 오브제, 조각 등 50여 점의 작품이 전시된다.

A. 서울시 용산구 이태원로 248
H. storage.hyundaicard.com
O. 2018년 3월 18일까지

스튜디오 지브리 대박람회: 나우시카에서 마니까지

세종문화회관 미술관

〈바람계곡의 나우시카〉, 〈센과 치히로의 행방불명〉, 〈하울의 움직이는 성〉…. 지난 30여 년간 '스튜디오 지브리'가 만든 애니메이션들을 되돌아보는 전시다. 24편의 작품이 소개되며, 이와 관련된 드로잉과 애니메이션 레이아웃 보드 및 기획서 등이 전시된다.

A. 서울시 종로구 세종대로 175
H. sejongpac.or.kr
O. 2018년 3월 2일까지

무인도에 가져가고 싶은 하나

당신은 내일 무인도에 홀로 떨어져 한 달 동안 생활할 예정입니다. 이때 당신이 무인도에 가져가고 싶은 것은 무엇인가요? 희소식이 하나 있어요! 다행히 의식주는 해결되는 상황이랍니다.

오리발 | 발행인 **송원준**
스노클링을 하기 위해 깊은 바다에 갔을 때 오리발만 할까 구명조끼도 입을까 고민한 적이 있다. 용기를 내 오리발만 착용하고 바다로 뛰어들었는데 수영을 잘하는 사람처럼 물에 떴다. 겁이 나 차마 잠수는 못 했지만. 무인도에 간다면 바다에 들어가 조개와 물고기를 잡아야만 할 것 같다. 오리발은 바다로 둘러싸인 무인도에서 가장 필요한 장비가 아닐까.

빈손 | 편집장 **김이경**
맨몸으로 왔다 떠나는 인생이다. 갑작스러운 게 아닌 무인도로 떠나는 짐을 싸기 위해 하나를 가지고 가야 한다면 나는 빈손으로 가겠다. 내 몸뚱이만 있으면 될 것 같다. 나에게 소중한 몇 가지가 있긴 하지만 그중에 하나만 가지고 간다면 너무 머리 아프다. 그리고 혼자 하는 것도 하루 이틀이지 결국 무얼 가져가든 지루해져서 없는 게 낫다.

전신거울 | 마케터 **조수진**
요즘 몸만들기에 꽂혀있는 나를 위해 전신거울을 가져갈 것이다. 한 달이라는 시간 동안 외로움을 느낄 틈도 없이 미친 듯이 운동만 하고, 거울을 보고 (자기)만족을 하면서 외로움을 달래야겠다.

노트와 연필 | 마케터 **최현희**
무려 한 달 동안 외부와 단절된 채 혼자일 수 있다면, 쓰고 싶었던 글을 맘껏 써보고 싶다. 무인도에서 살아야 하는 심정을 담은 일기, 고마운 사람들에게 쓰는 편지, 가사나 시 같은 것으로 불리길 바라는 짧은 단상까지. 다시 육지로 돌아와 일상을 살아갈 때, 그 글들이 나에게 힘이 되어줄 것만 같다.

소주 | 에디터 **김건태**
난 술만 있으면 돼.

털실과 바늘 | 경영지원 **박혜미**
날씨가 추워지니 뜨개질 욕심이 생긴다. 하지만 뜨개질이라는 건 정말 시간이 많을 때만 할 수 있는 작업. 무인도에 홀로 떨어진다면 우리 하이, 아리, 빵이에게 귀여운 모자랑 신발도 떠주고 친구네 강아지 아롱(혹은 아름, 이름에 대한 논쟁이 있다)이를 위한 옷도 떠주고 싶다. 겨울이니까 따듯하게 붉은색으로 떠야지. 상상만 해도 귀여운걸.

손물레 | 에디터 **이현아**
한 달 정도라면 누워만 있어도 지루함 없이 보낼 수 있을 것 같지만… 몸을 쓰는 일은 꾸준히 하고 싶다. 손물레를 가져가서 무인도의 흙으로 매일 도자기를 빚고, 한 달 후엔 다시 바닷물이 스미는 곳에 두고 와야지. 그곳에서만 만들어지고 사라진다면 좋겠다.

지금까지 받은 편지 | 에디터 **정혜미**
초등학교 때부터 지금까지 받은 편지를 갖고 있다. 다른 건 못 모아도 편지만큼은 모아두었다. 가끔 읽으면 묘한 기분에 사로잡히며 지난 나는 어떤 사람이었는지 알게 된다. 한 달 동안 무인도에서 편지를 읽으면 한 달 뒤에 나는 조금은 다른 사람이 되어있지 않을까.

《슬램덩크》 오리지널 박스판 세트 | 에디터 **김혜원**
《슬램덩크》와 《원피스》 사이에서 조금 고민했다. 《슬램덩크》는 한 번도 읽어보지 못했고, 《원피스》는 에이스가 죽었던 60권 이후로 챙겨보지 못했다(지금 찾아보니 87권까지 나왔다). 그래도 이왕이면 처음 보는 게 더 재미있겠지. 게다가 《슬램덩크》의 '안감독'이라는 인물이 무척 궁금하다. 《슬램덩크》 오리지널 박스판 세트가 딱 31권이던데, 하루에 한 권씩 아껴가며 읽을 거다.

선베드 | 에디터 **이자연**
무료한 무인도의 생활은 아마 혼잣말과 혼잣말, 그리고 혼잣말뿐일 것이다. 그럴 때 햇볕이라도 마음껏 쐬고, 바닷소리도 충분히 들으면 긍정적인 생각을 하고 내면을 침착하게 다잡을 수 있을 것이(라고 믿는)다. 누워 있다가 호랑이 밥 되는 거 아냐?!

고양이 아리 | 디자이너 **최인애**
'어라운드'의 고양이 아리를 데려가고 싶다. 무인도에 생활하면서 가장 힘든 건 외로움일 것 같은데, 아리와 함께라면 마음이 안정되지 않을까. 무엇보다 경쟁자(다른 직원들) 없이 홀로 아리의 사랑을 독차지할 기회다! 귀여운 아리와 함께 해변을 산책하고 물고기도 구경하고 풀숲에서 숨바꼭질할 거다.

고양이 아리 | 디자이너 **윤원정**
최인애 씨, 아리는 제가 데리고 갈게요.

VOL.01 VOL.02 VOL.03 VOL.04 VOL.05 VOL.06 VOL.07 VOL.08 VOL.09 VOL.10

VOL.11 VOL.12 VOL.13 VOL.14 VOL.15 VOL.16 VOL.17 VOL.18 VOL.19 VOL.20

VOL.21 VOL.22 VOL.23 VOL.24 VOL.25 VOL.26 VOL.27 VOL.28 VOL.29 VOL.30

VOL.31 VOL.32 VOL.33 VOL.34 VOL.35 VOL.36 VOL.37 VOL.38 VOL.39 VOL.40

VOL.41 VOL.42 VOL.43 VOL.44 VOL.45 VOL.46 VOL.47 VOL.48 VOL.49 VOL.50

VOL.51 VOL.52 VOL.53

정기구독 안내

어라운드는 월간지로 발행됩니다.
정기구독 신청자에게는 할인 혜택과 함께
매달 특별한 엽서와 배지를 드립니다.

1년 정기구독 총 11권(7·8월 합본호)
148,500원(10%할인)
aroundstore.kr

광고문의 ad@a-round.kr | 070 8650 6378
구독문의 magazine@a-round.kr | 070 8650 6375
기타문의 around@a-round.kr | 02 6404 5030
어라운드빌리지 around@a-round.kr | 070 8638 6214

MAGAZINE a-round.kr
STORE aroundstore.kr
INSTAGRAM instagram.com/aroundmagazine
instagram.com/aroundmagazine.eng
FACEBOOK facebook.com/around.play
FILM vimeo.com/around

발행인 Publisher
송원준 Song Wonjune

편집장 Editor in Chief
김이경 Kim Leekyeng

선임 에디터 Senior Editor
김건태 Kim Kuntae

에디터 Editor
이현아 Lee Hyuna
정혜미 Jeong Hyemi
김혜원 Kim Hyewon
이자연 Lee Jayeon

아트 디렉터 Art Director
김이경 Kim Leekyeng

선임 디자이너 Senior Designer
윤원정 Yoon Wonjung

디자이너 Designer
최인애 Choi Inae

표지 Cover
사진 이와 Iwa
캘리그라피 곽고운 Kwak Gowoon

포토그래퍼 Photographer
안선근 Ahn Seongeun
박두산 Park Dusan
해란 Hae Ran

영상 Film Maker
이와 Iwa

프로젝트에디터 Project Editor
김나영 Kim Nayoung
김희선 Kim Heesun
김형규 Kim Hyungkyu
박선아 Park Suna
송종원 Song Jongwon
이숙명 Lee Sukmyong
이지원 Lee Jiwon
정다운 Jung Daun
한수희 Han Suhui
한승재 Han Seungjae

일러스트레이터 Illustrator
박영준 Park Youngjoon
손은경 Son Eunkyoung
송은혜 Song Eunhye
재유노나카 Jaeyoononaka

교열 Copy Editor
기인선 Ki Inseon

마케팅 Marketing
조수진 Cho Soojin
최현희 Choi Hyunhee

경영지원 Management Support
박혜미 Park Hyemi

광고 Advertisement
김양호 이상훈

발행 Publishing
(주) 어라운드
도서등록번호 제 2014-000186호
출판등록일 2009년 12월 5일
ISSN 2287-4216
창간 2012년 8월 20일

AROUND Inc. COMPANY
서울시 마포구 동교로51길 27
27, Donggyoro 51-gil, Mapo-gu, Seoul, Korea
www.a-round.kr

어라운드는 나무를 아끼기 위해 고지율 20%인
재생종이 그린라이트를 사용합니다.